Was uns hindert, was uns treibt

Dirk T. van Dinter

Buch

„Unsere Handlungen sind die Schnittstelle zwischen unserer Seele und dem Leben." Dirk T. van Dinter

Wir agieren immer in zwei Richtungen: in die Welt da draußen und in die des eigenen Herzens. Deshalb sind wir für die Realität, die wir erschaffen, und unsere Seele gleichermaßen verantwortlich.

Das Hamsterrad zu verlassen ist eine Sache. Außerhalb davon zu leben und seinen Weg zu finden eine andere. Immer wieder stoßen wir dabei auf Hindernisse. Was hindert uns, was treibt uns an? Dieser Frage gehe ich in diesem Buch nach.

Autor (www.ergebnisse-mit-wirkung.de)

Dirk T. van Dinter, geboren 1969, ist Autor des Buches: „ENTDECKE. DEINE. INNERE. KRAFT. Der Tag, an dem Sisyphos den Stein losließ". Es erschien 2021 im BoD - Books on Demand, Norderstedt.

Der Autor ist Vater von zwei Kindern und wohnt mit ihnen in Norddeutschland. Dort arbeitet er als Coach und Buchautor.

Was uns hindert, was uns treibt

Raus aus Krise und Handlungsstarre

Dirk T. van Dinter

Bibliografische Information der Deutschen Nationalbibliothek: Die Deutsche Nationalbibliothek verzeichnet diese Publikation in der Deutschen Nationalbibliografie; detaillierte bibliografische Daten sind im Internet über dnb. dnb.de abrufbar.

ISBN: 9-783751-949453
1. Auflage, 2023

Dieses Buch ist auch als E-Book erhältlich
Lektorat & Korrektorat: Bianca Weirauch
Cover: Bod

© 2023, Dirk T. van Dinter
Herstellung und Verlag: BoD - Books on Demand, Norderstedt

Für alle, die glauben, dass ihre Träume vergebens sind. Sind sie nicht!

Für meine Kinder, Geschwister und Freunde.

Inhalt

EINLEITUNG

Liebe Leserin, lieber Leser,

Fragst du dich, warum dein Leben so ist, wie es ist? Du hattest mal Träume. Womöglich ist es dir gelungen, für eine kurze Zeit aus dem Hamsterrad auszubrechen. Aber lebendig oder glücklich fühlst du dich nicht. Du siehst deine eigene Welt, bewegst dich darin wie ein Fremdkörper und flüsterst dir zu: „So habe ich mir mein Leben auch nicht vorgestellt."

Die Welt, die du da draußen erlebst, spiegelt dein Innenleben wider. Das ist kein Vorwurf. Es geht nicht um Schuld. Sondern um innere Freiheit. Sie kommt ein Stück weit zurück, wenn du aufhörst, Lebenssinn und Selbstwert gleichzusetzen. Denn den Sinn des Lebens erfasst in seiner Tiefe niemand. Leider wird er, wie ein nicht greifbares Damoklesschwert, zum Maßstab von Erfolg und Misserfolg gekürt. Einen Lebensinhalt zu finden, ist für viele Menschen keine spannende Reise mehr. Sondern Druck und Strafe. Denn wer ihn nicht entdeckt, gehört schnell zu den Versagern. Das raubt jegliche Energie und Schöpferkraft.

Gedanken. Worte. Handlungen. Das sind die Elemente, die in deiner Hand liegen. Unterschätze niemals die Kraft dieser Bausteine, die Power dieses Dreiklangs. Und unterschätze dich nicht. Denn mit immenser Stärke ziehst du all das an, was zu deinem inneren Leben passt, auch wenn es dir nicht gefällt.

Den Weg aus der Sinnkrise findest du, sobald du erfasst hast, dass du dir selbst einen Lebenssinn gibst.

Dirk T. van Dinter, im Frühling 2023

HINTER DER FASSADE

„Welt, du kannst mich mal. Ich bin es so leid, gute Miene zum bösen Spiel zu machen. Wenn ich euch schon lachen sehe, in eurer Selbstgefälligkeit und Verlogenheit. Diese gespielte Höflichkeit.

Ich hatte mal Träume. Nun stecke ich in diesem beschissenen Hamsterrad fest. Das Leben geht an mir vorbei, Tag um Tag, Jahr um Jahr. Und alles ruft mir entgegen, dass ich funktionieren soll. Ich verliere Menschen, die ich liebe, bevor ich es kapiert habe. Keine Zeit zum Abschiednehmen. Keine Zeit zum Trauern. Aber das Leben oder irgendein beknackter Gott hat ja angeblich einen Plan und einen tieferen Sinn.

Die spirituellen Menschen mit ihrem Gelaber gehen mir auf die Nerven. Sie reichen sich die Floskeln wie beim Staffellauf in die Hände und labern alle den gleichen Scheiß. Wie pervers nach Sinn und Tiefe gesucht und angeblich gefunden wird.

Misshandelte und missbrauchte Kinder haben sich ihr Leben ausgesucht. Sie wollten genau diese Erfahrungen machen. Für solche Sprüche habt ihr ein paar auf's Maul verdient. Weil ihr mit dem Schmerz anderer nicht umgehen könnt, müsst ihr ihn unter den Teppich kehren. Kein Wunder. Ihr könnt nicht einmal mit eurem Schmerz umgehen. Ihr sauft euch lieber die Rübe zu oder tyrannisiert andere Menschen.

Wenn ich schon höre, dass jeder alles erreichen kann. Du musst nur visualisieren oder glauben. Was denkst du, was ich getan habe, bevor ich meinen Glauben an das Leben, an andere und mich selbst verloren habe? Und warum habe ich den Glauben wohl verloren – einfach so? Ich war mal begeistert und hoch motiviert – bin nach jeder Niederlage aufgestanden. Aber irgendwann konnte ich einfach nicht mehr.

Wir müssen wieder werden wie Kinder? Warum? Damit ihr mich wieder ausnutzen und manipulieren könnt? Ich sehe doch, wie Erwachsene mit Kindern umgehen. Wie sie ihren Frust auslassen und ihre Komplexe über sie kompensieren. Oh nein, nicht mit mir.

Jede Krise hat einen Sinn? Verdammt noch mal, kann das Leben nicht einfach mal laufen? Einfach! Laufen! Mir bleibt nicht einmal Zeit zum Durchatmen.

Na klar, wenn die Menschen mit mir umgehen, als wäre ich Dreck, ist das ausschließlich meine Schuld. Ich kann das nicht mehr hören. Geht mir mit diesem Karma-Müll nicht auf den Nerv. Und logo, wenn ich - beweisbar – keinem was getan habe, dann habe ich im letzten Leben Kacke angehäuft oder im Leben davor. Geht's noch mit eurer Selbstgefälligkeit?

Ja, natürlich gibt es auch gute Tage. Aber dann kommt irgendein Arsch und zerstört alles. Oder das Leben tritt einem richtig in den Hintern. Dann kann ich auch gleich weiterhin in Kacke baden."

Kennst du solche Gedanken? Es waren meine eigenen und die von Menschen, die ich gecoacht habe. Momente der Wahrhaftigkeit. Trauer und Wut. Unterdrücken wir sie, zerfressen sie uns. Nach außen zeigen wir eine Fassade. Es ist schwer, den inneren Schmerz zuzulassen. Wir versuchen hartnäckig, Krisen und die Verletzung der Seele intellektuell zu lösen. Wir wohnen in unserem Kopf. Dort spinnen wir herum und entwerfen Dramen und Szenarien des Versagens. Wir suchen nach Schuldigen, beobachten, bewerten und urteilen. Rachepläne werden hier ausgebrütet und geschmiedet. In unserem Kopf rechnen wir ab, mit jedem. Und bei all dem versuchen wir krampfhaft zu lächeln. Eines gilt es zu vermeiden: den tief sitzenden Schmerz anschauen, der uns lenkt und beeinflusst. Wir suchen eine Abkürzung durch die Krisen und bohrenden Existenzfragen. Wir beschäftigen uns nicht mit dem Leben, um es zu gestalten und, wenn nötig, zu verändern. Wir lamentieren, lenken ab und klammern uns an Heilsversprechen. Jede Art Betäubung wird dankbar angenommen. Wir verdrängen den Schmerz. Doch dieser erzeugt Emotionen und Gedanken der Wut ins uns. Die Fassade liegt nur obendrauf. Sie ist aber nicht die treibende Kraft. Der Schmerz ist es. Er gestaltet unser Leben und bricht so oft durch, bis wir endlich hinsehen. Die Welt, die wir erleben, wird aus den unterdrückten Seelenschmerzen geboren. Wir sind in den Gezeiten gefangen, ohne es zu merken.

Verbittert krallen wir uns an die Vergangenheit und projizieren Ängste in eine ungewisse Zukunft. Wir vermeiden das Jetzt, denn dort liegt unser Schmerz. Hier tragen wir die Fassade wie ein Schneckenhaus durch das Chaos. Wir suchen Gleichgesinnte, schließlich säuft und grölt es sich zusammen besser. Gemeinsam posen. Im Kollektiv mit dröhnender Musik die Ohren betäuben. In Affären Höhepunkte suchen, selbst wenn sie nur Augenblicke dauern. Oder Gebete und Meditationen als Versteckspiel nutzen. Blitzschnell solidarisieren wir uns mit Menschen, sofern es zum Vorteil gereicht. Der Feind von gestern ist der Freund für heute. Hauptsache, er nickt unser Ego ab. Wir lieben die Momente, in denen wir der eigenen Fassade auf den Leim gehen und uns einbilden, die Welt sei in Ordnung. Die Euphorie der selbstgemachten Lügen betört. Sie hebt uns empor. Doch genauso schnell lässt sie wieder los und wir stürzen ab. Mitten in den alten Schmerz.

Und am Ende des Tages zählt nur, ob wir durchschaut wurden oder nicht. Das ist die einzige Sorge.

Ist es nicht erstaunlich, welch enorme Kraft wir aufbringen - Tag für Tag? Wer zuerst heult, hat verloren. Was, wenn wir diese Energie anders nutzen?

DIE VERGANGENHEIT WIRKT

In meinem letzten Buch „ENTDECKE. DEINE. IN-NERE KRAFT. Der Tag, an dem Sisyphos den Stein losließ" veränderten wir für ein paar Betrachtungen die Geschichte. Der vermeintliche Held hatte die Götter verärgert und sich mit dem Tod angelegt. Zur Strafe musste er einen Stein den Berg hinaufschieben. Doch kurz bevor er sein Ziel erreichte, verließen ihn seine Kräfte. Der Brocken rollte wieder hinab. Er rannte ihm hinterher und legte von vorne los. Es war ihm unmöglich, aus der Schleife auszubrechen. Darin lag der Fluch. In unserer ausgedachten Geschichte gaben wir Sisyphos die Kraft, den Zwang zu durchbrechen. Er rebellierte gegen die Götter, ließ sich nicht länger einschüchtern und verließ den Berg.

Menschen lieben solche Storys. Sie identifizieren sich mit den Helden, denn sie sprechen ihre tiefsten Bedürfnisse und Sehnsüchte an. Manche finden die Geschichten nur schön. Mehr nicht. Andere beneiden die Hauptfigur für eine Weile. Ihnen wird klar, dass sie ab sofort ihr Leben selbst in die Hand nehmen. Sie erinnern sich an ihre Träume. Ein kleines Feuer brennt in ihnen. Sie lächeln, denn sie wissen, morgen wird alles anders. Leider funkt am nächsten Tag etwas dazwischen. Das macht nichts. Auf einen Tag früher oder später kommt es ja nicht an. Bis der Alltag sie einholt. Das Feuer ist erloschen. Dann gibt es jene, die Geschichten konsumieren. Da dringt keine Botschaft ein, wird keine Flamme entzündet. Das Leben spricht und sie sind taub.

Schauen wir wieder auf Sisyphos. Er hat den Berg unter unserem Beifall verlassen. Und jetzt? Heldengeschichten hören mit einem Happy End auf. Das Leben aber geht weiter. Es endet nicht mit dem simplen Satz: „Und wenn sie nicht gestorben sind …" Es kommt ein Danach. Sisyphos hat nicht nur den Berg verlassen, sondern seine Aufgabe. Seinen Sinn. Wir mögen die Vorstellung, dass er als echter Held alles im Griff hat. Doch die Macht der Gewohnheit beeinflusst auch ihn. Die Erinnerungen an die Vergangenheit sind nicht ausradiert. Sie wirken. Seine Prägung vermag er nicht mal so eben abzuschütteln. Er steht vor der Frage, die leicht auszusprechen, aber schwer zu beantworten ist: „Was nun?" Die Sinnfrage. Und dann schleicht er sich ein, der erste destruktive Gedanke: „Was kann ich denn schon? Außer Steine schieben habe ich ja nichts gelernt." Sinn und Selbstwert gehen auf einmal Hand in Hand. So, als wären sie seit Urzeiten ein Paar. Fällt dir auf, dass Sisyphos über eine neue Bestimmung nachdenkt, diese aber in der Vergangenheit sucht? Die Sinnkrise ist ein Stillstand. Eine Sackgasse. Sie ist der Versuch, die Zukunft zu deuten statt sie zu gestalten. Eine neue Perspektive einzig auf Basis der hinter uns liegenden Zeit. Was wird anderes dabei herauskommen als das, was wir schon immer hatten? Wir spüren die Leere in dieser Sackgasse. Das schmerzt. Der Schmerz wird nicht verursacht, weil wir keinen Sinn haben. Sondern dadurch, dass wir den vorherigen verloren haben. Oder wir haben uns die Sinnfrage nie gestellt, nie darunter gelitten. Durch irgendetwas wird die Frage ausgelöst, was wir denn so zustande gebracht hätten. Dann bestrafen uns die Selbstvorwürfe, nichts Bleibendes geleistet und keine Spuren hinterlassen zu haben. Und wieder reichen sich Sinn und Selbstwert die Hände. Wir sitzen in der Krise. So wie Sisyphos, der Held. Er begegnet einem Menschen, der ihm etwas über das Gesetz der Anziehung erklärt. Wie innen so außen. Die äußere Welt ist der Spiegel der inneren Welt. „Dann werde ich nie eine andere Welt haben", wirft Sisyphos ein, „weil meine innere Welt ist, wie sie ist." Sofern er sein Leben aus der Vergangenheit heraus betrachtet, sicher. So handeln viele Menschen. Zukunft, Selbstwert und Lebenssinn werden gedeutet aus dem, was hinter uns liegt. Es ist wie bei einem Entzug. Wasser gegen Alkohol. Wasser ist gesünder, stillt aber nicht die Sucht. Die Vergangenheit übt eine enorme Kraft aus. Sie zieht uns ständig zurück. Was ist die Lösung? Eine neue Perspektive erschaffen. Nicht das alte Leben laufen lassen. Denn das führt zu immer gleichen Ergebnissen. Der Blick in die Zukunft heißt Visualisieren. Das ist gezielt, nicht zufällig. In der Krise – in der Sackgasse – ist es schon eine Herausforderung, alte Bilder durch neue zu ersetzen. Denn unsere Gedanken und Emotionen – Relikte aus dem Leben hinter uns – arbeiten dagegen. So, wie wir die Vergangenheit wie ein Mantra im Kopf durchspielen, brauchen auch die neuen Bilder eine Chance, sich zu festigen. Noch nicht erlebte und unbekannte Gefühle ersetzen wir durch Affirmationen. Das bedeutet: Durch deren Wiederholung brennen sich vermeintliche Erinnerungen ein. Damit entsteht das Bild der Zukunft durch Visualisierung und emotionale Bekräftigung.

DU BRAUCHST EIN KLARES STATEMENT

An wen oder was glaubst du? Woran richtest du dein Leben aus? Die Fragen sind wichtig. Menschen synchronisieren sich ständig mit ihrer Welt. Daher heißt es: Wie innen, so außen. Selbstgespräche verraten uns, was wir denken, fühlen und hoffen. Sie offenbaren, was wir glauben. Manche Leute wirken äußerlich recht kühl. Sie belächeln gerne, was irgendwie spirituell klingt. Innerlich sieht es anders aus. Sie verzweifeln, weil sie nichts haben, an das sie glauben. Sie schweben in einem luftleeren Raum. Das macht es schwer, Sinn und Ziele zu finden. Ein klares Statement hierzu ist entscheidend. Denn das wird Teil unserer Motivation. So denke ich zumindest. Selbst wenn jemand sagt, wir leben, sterben und das war es, deshalb nehme ich alles mit, was abzugreifen ist – ist das ein Statement. Egal, wie andere es bewerten. Ich habe eine Vermutung: Wir beantworten uns zwar die richtigen Fragen, nur die Reihenfolge scheint ungünstig. „Was glaube ich?" Oder: „Was will ich?" Welche Antwort brauchen wir zuerst? Es ist die Frage nach der Ausrichtung im Leben, unabhängig davon, ob sie sich ändert und neu definiert wird, wenn man sich weiterentwickelt. Es ist ein Unterschied, ob ich zum Nordpol oder Äquator wandern werde. Allein die Ausrüstung wird sich unterscheiden. Wohin geht meine Reise? Was brauche ich dafür? Stell dir vor, wir beantworten die zweite Frage zuerst. Das fänden wir unlogisch. Und dennoch drehen sich unsere Gedanken oft um das, was wir begehren, bevor wir wissen wofür. Die Sinnfrage lässt sich ohne Statement, ohne Ausrichtung schwer klären. Wenn für einen Wanderer das Ziel eindeutig ist und er seine Ausrüstung anpasst, synchronisiert er sich mit seinem Zielort. Auf kurze Hosen und Strandschuhe würde er auf der Reise zum Nordpol verzichten. Menschen ohne Bestimmungsort nehmen unterwegs alles mit. „Wer weiß, wofür man das noch gebrauchen kann", sagen sie. Da ist Habenwollen und Besitzen - ein Pseudoziel. Das macht auf Dauer unzufrieden. Wer eine klare Intention hat, sucht sich ein Ziel und synchronisiert sich damit. Das ist Statement. Es wird im Gesetz der Entsprechung beschrieben. Falls du es nicht kennst, es ist eines der hermetischen Grundsätze. Wie innen, so außen; wie oben, so unten. Übertragen wir es, lautet es so: Wie das Ziel, so der Weg. Wie die Ausrichtung, so die Handlungen. Wie der Bedarf, so der Besitz. Ein weiteres dieser Prinzipien heißt Gesetz der Anziehung. Oberflächlich können wir es mit dem Spruch „Gleich zu gleich gesellt sich gerne" ausdrücken. Klar, diese Beschreibung ist etwas zu dünn. Vielen Menschen ist das Thema zu esoterisch. Ich sehe das anders. Mal angenommen, Esoteriker beanspruchen für sich die Schwerkraft und begründen damit allerlei Humbug. Vielleicht entwickeln sie die Schwerkraftheilung. Ist ja nicht abwegig, wenn wir uns die Quantenheilung ansehen. Ich bin sicher, einige Menschen unterwerfen sich dieser Theorie. Andere wenden sich ab. Bei ihnen entwickelt sich eine merkwürdige Schlussfolgerung. „Die Esoteriker spinnen und die Schwerkraft ist auch nur was für Blöde", hören wir sie sagen. Weil jemand ein Problem mit einer anderen Weltanschauung hat, verflucht er alles, was aus ihrer Ecke kommt. Das ist zu kurz gedacht. Besser wäre, die Schwerkraft aus eigener Perspektive zu betrachten und zu erforschen. Die Heilkraft mancher Pflanzen wird nicht dadurch aufgehoben, dass die Vertreter der Verdünnungstheorie nur noch die Idee der Kräuter in ihren Medikamenten sehen.

Die Welt, die wir draußen erleben, spiegelt unser Innenleben wider. Das ist mein Statement. Eines, mit dem ich nicht immer einverstanden war und bin. Es hat mit Verantwortung zu tun. Manchmal habe ich da schlicht keinen Bock drauf. Denn es suggeriert mir, ich müsse immer und zu hundert Prozent selbstbeherrscht denken, fühlen und handeln. Wer von der Leiter fällt, hat auch keine Lust mehr auf Schwerkraft, oder? Emotional bestechen lässt sich die Physik trotzdem nicht. Schade eigentlich. Nutzen wir die physikalischen Gesetze? Trotzen wir ihnen? Beides. Ohne Trotz keine Flugzeuge.

Es gibt andere Formulierungen der hermetischen Prinzipien:

- Wie man in den Wald schreit, so hallt es heraus.
- Gleich zu gleich gesellt sich gern.
- Wer mit Müll schmeißt, muss sich nicht wundern, dass es stinkt.
- Was du nicht willst, dass man dir tu', füge keinem anderen zu.
- Du kannst nur äußern, was du verinnerlicht hast.
- Du erntest, was du gesät hast.

Wie dieses Statement formuliert wird, ist zweitrangig. Entscheidend ist, eines zu haben. Eine klare Ausrichtung. Es ist okay, wenn du überzeugt bist, dass alles vorherbestimmt ist und niemand seinem Schicksal entgeht. Damit beziehst du Position. Es ist nur möglich, dass dir dieses Buch dann nicht hilft. Denn ich sehe das Leben wie einen Raum von Chancen. Schöpferisches Potenzial ist die etwas schwulstigere Beschreibung dafür. Ich erinnere mich an Zeiten, in denen mein Statement unklar war. Erst recht in Kindheit und Jugend. Wer abhängig ist vom Wohlwollen der Erwachsenen, entwickelt die Theorie vom Schicksal, dem keiner entrinnt. Das passiert schleichend. Als Kinder können wir noch alles. Da gehört die Welt uns. Allmählich wendet sich diese Einstellung. Was wir erfahren, wird zu unserem

Statement. Und die Gesetze der Anziehung und Entsprechung? Sie sagen, dass wir im Außen das suchen, womit wir dieses Statement bestätigen, und jenes ausblenden, das dem widerspricht.

Irgendwann verlangte das Leben eine Position von mir. Es war, als fragte es: „Wirst du dein eigenes Schiff steuern oder überlässt du das anderen?" Übernimmst du das Ruder, entscheidest du auch, wo es hingeht. Suche dir ein Ziel, rüste dich aus, wirf Überflüssiges von Bord und los. Es liegt in deiner Verantwortung. Ist das so? Wenn Piraten auftauchen und mein Schiff zerstören oder entern – wer ist schuld daran? Hardcore-Verfechter der hermetischen Gesetze behaupten, das verursachen alles wir. Da gehe ich leider nicht mehr mit. Sage einem Kind ins Gesicht, dass es das selbst ins Leben gezogen hat, wenn es misshandelt wird. Und wenn die Argumente nicht reichen, wird auf den Himmel verwiesen oder auf die Zeit vor dem irdischen Dasein. Denn dort hätte man entschieden, so zu leben. Dahinter verbirgt sich die Theorie, dass man nur durch Schmerz und Strafe geläutert werden könne. Diese Ideologie zieht sich durch Jahrhunderte. Sie wurde von Menschen geschaffen, die Macht über andere ausübten. Wir haben sie zutiefst in das Leben und unsere Seele integriert. Sie ist Gift. Doch ob es uns passt oder nicht, sie ist ein Statement. Sie ist eine Antihaltung und fokussiert sich darauf, was uns zuwider ist. Schmerz und Wut zeigen und offenbaren, wie schwarz die Nacht ist, wie dunkel die Zukunftsaussichten. Wir hoffen, wünschen und beten, dass alles anders wird. Diese Anti-Haltung ist ein Statement. Auch sie ist eine Kraft, die Leben erschafft. Über wahrgewordene Träume nachzudenken bedeutet, Albträume nicht unter den Tisch fallen zu lassen. Sie sind die Kehrseite der Medaille. Wind lässt einen Drachen fliegen oder zerstört Häuser. Setzen wir einen Moment voraus, dass die Energie, die ein Mensch aufbringt, echte Schöpferkraft ist. Was erlebt, erschafft und erreicht jemand, der voller Freude und Liebe ist? Und ein anderer, der sich mit Wut gegen seine Situation wehrt oder im Schmerz verharrt? In Krisenzeiten bringen wir enorme Energien auf, in der Hoffnung, die Lage möge sich verbessern. Energien, nicht Taten. Wir durchschauen diesen Widerspruch oft nicht. Wir sträuben uns innerlich mit aller Macht dagegen, aber unternehmen nichts. Diese Kraft richtet sich nicht nur gegen uns selbst und sorgt für Kopfschmerzen oder einen verkrampften Kiefer. Sie strömt ebenso nach außen, verbreitet miese Laune und Missstimmung. Es wird Leute geben, die auf diese Welle aufspringen.

Kraft ist das Ergebnis eines bestimmten Maßes an Energie, die etwas bewirkt. Was ein Sturm „erschafft" ist sicher verheerender. Doch für die Natur heißt diese Energie schlicht Windkraft. Unsere nennt sich Schöpferkraft. Sie erzeugt Träume und Albträume. Es ist nicht leicht, sich immer wieder daran zu erinnern. Vor allem in Situationen, in denen wir uns wehrlos und kraftlos fühlen. Nicht hilflos oder machtlos sind. Das ist ein Unterschied.

WASSER UND ÖL

Du weißt, dass Wasser und Öl sich nicht vermischen? Da können wir rühren, bis sich der Boden des Behälters auflöst. Die beiden Flüssigkeiten zicken herum. Haben sie sich beruhigt, trennen sie sich wieder.

Jeder von uns hat Bereiche in seinem Leben, in denen es nicht fluppt. Wir sagen dann: „Ich und ein Partner, eine Partnerin – lass mal", „Ich und Geld – zwei Welten klatschen aufeinander", „Klar, ich und Erfolg, wir mögen uns, zumindest theoretisch." Auch da haben wir das Gefühl, wir rühren rum im Leben und es ändert sich nichts. Das ist wie Wasser und Öl. Stimmt's? Die beiden Welten lassen sich nicht mischen. Es sei denn, wir benutzen einen Emulgator. Was bedeutet das? Wasser ist polar und Fett unpolar. Oder Fett ist leichter und hat eine andere Dichte. Deshalb schwimmt es oben. Vielleicht denkst du, ist mir egal. Aber Köche interessiert es zum Beispiel. Denn wenn sie eine Vinaigrette herstellen, brauchen sie eine Lösung für das Problem. Essig und Öl gestapelt im Glas sieht blöd aus. Schmeckt auch nicht. Deshalb benutzen sie Senf. Er setzt die Oberflächenspannung herunter und Öl und Essig vermischen sich. Das ist die Funktion eines Emulgators.

Jetzt habe ich eine Frage an dich. Mal angenommen, du sagst: „Das Thema Geld und ich, das wird nichts." Was wäre, wenn es dafür einen Emulgator gäbe? Finanzen, Erfolg, Partnerschaft, Gesundheit ... Ich haue hier keine falschen Versprechen raus. Ich frage. Was wäre, wenn ...? Spielen wir den Gedanken mal durch.

Sagen wir, ein armer Mensch wünscht sich ein Haus. Stell dir eine in Lumpen gekleidete Person vor, ohne festen Wohnsitz. Je plumper das Klischee, desto besser. Kannst du sie in einer Villa leben sehen? Denkst du: „Na klar!", oder: „Auf keinen Fall!", oder: „Das ist komplett lächerlich!"? Wenn du eine Verbindung erkennst zwischen der armen Person und dem neuen Leben in der Villa, hast du begriffen, wie der Emulgator funktioniert. Diese Verbindung ist deshalb eine, weil sie von beiden Seiten etwas in sich trägt. Schnittmenge heißt es auch. Wenn du sagst, zwischen dir und Geld oder deinem Traumpartner, Erfolg, idealem Leben etc. gäbe es keinerlei Überschneidung – prüfe, ob diese Aussage der Wahrheit entspricht. Womöglich hast du schon eine Vermutung - der Emulgator hat etwas mit dem Gesetz der Anziehung und Entsprechung zu tun.

WÜNSCH DIR WAS?

Wie oft meinen wir vorschnell, uns stünde etwas nicht zu, es wäre eine andere Liga oder bliebe schlicht ein Traum? Wir kennen das Gefühl von Wasser und Öl nur zu gut. Stell dir vor, die beiden Elemente könnten sprechen. Das H_2O würde fragen: „Wie kann ich mich nur mit dem Öl verbinden?" Was denkst du, passiert? Es würde einzig aus seiner Perspektive, mit seinem Wissen und seiner Wahrnehmung über diese Frage nachdenken. Einen Emulgator einzubeziehen, wäre nicht Teil seiner Vorstellungskraft. Das beschreibt unser eigenes Problem. „Wer bin ich denn schon?", neigen wir zu fragen. Solange der Fokus auf dem liegt, was wir kennen, entgehen uns all die anderen Möglichkeiten und Chancen. Der Fokus ist übrigens unser Statement. Die Frage ist nur: Ist uns das bewusst? Wir betrachten uns immer mit den Augen der Vergangenheit. In die Zukunft zu schauen, überlassen wir Hellsehern. Doch bei der Berufswahl zum Beispiel wagen wir den Blick nach vorne. Das Defizit des Ungelernten hindert uns nicht daran, zu entscheiden, welchen Beruf wir ergreifen. Genauso sehen wir, was zu lernen ist. Warum dies? Wir fangen im Jetzt damit an, uns mit der Zukunft zu synchronisieren. Das funktioniert deshalb, weil wir es uns vorstellen können und uns zutrauen. Der Obdachlose und seine Villa? Oder auch du und Geld? Du und Partner, Erfolg, etc.?

Hier liegt ein großes Missverständnis, was das Gesetz der Anziehung betrifft. Wünschen reicht nicht. Auch wenn es oft suggeriert wird. Es braucht eine Entsprechung, eine Schnittmenge. Nebenbei gefragt: Könnte der Emulgator auch ein Sinn sein?

Der Ungelernte durchlebt einen Verwandlungsprozess, bis er Geselle und Meister seines Berufes ist. Jeder erlebt diese Metamorphose. Manchmal geht sie leichter von der Hand, zeitweise weniger. Eine Krise oder kritische Zeit ist sie in jedem Fall. Denn der Prozess unterliegt jederzeit der Gefahr, unterbrochen zu werden. Das wirft Menschen wieder zurück. Wer in dieser Situation nur wünscht, steht auf verlorenem Posten. Eine Verwandlung fordert uns heraus zu handeln. Sagt ein finanziell armer Mensch, er beabsichtigt eines Tages in einer Villa zu leben, lässt er sich damit auf einen Transformationsprozess ein. Und eben das ist es, was viele Leute scheuen. Sie verweigern es, an sich zu arbeiten, sich zu verändern und für ihr Ziel zu kämpfen. Sie lesen weiterhin Bücher, die ihnen suggerieren, man brauche nur richtig wünschen. Ich glaube, jeder von uns erwischt sich manchmal bei dem Gedanken: „Warum muss das Leben so furchtbar anstrengend sein?" „Kann das auch mal unkompliziert sein?" „Wieso kann das das nicht einfach mal laufen?" Kommt dir das bekannt vor? Das ist absolut menschlich.

Die Transformation hat Einfluss auf unser Denken, Fühlen und Handeln – somit auf jeden Anteil in uns. Deshalb schlagen Krisen oft ein wie eine Bombe. Wie Öl und Wasser werden wir durchgeschüttelt und gerührt. Manchmal dauert es, bis wir wieder zur Ruhe kommen.

LEBEN IST MUSIK

Es ist wie in der Musik. Denken, Fühlen und Handeln bilden einen Dreiklang. Das ist ein Akkord, aufgebaut auf großen und kleinen Terzen. Im Mittelalter fingen Menschen an, mehrstimmig zu singen. Davor wurden in Kirchen Lieder nur einstimmig gesungen. Es galt, die Stimmen in ein harmonisches Ganzes zu bringen. Sonst hatte man nur Kakophonie, ein unästhetisches Ohren-Chaos. Da jeder von uns ein Gefühl dafür hat, wenn Klänge zusammenpassen, sprach man vom naturgegebenen Wohlklang. Beziehen wir die Erkenntnis auf das melodische Zusammenspiel von Denken, Fühlen und Handeln, oder Seele, Geist, Leben. Disharmonie entsteht, wenn sich mindestens einer der Töne dieses Dreiklangs verhält wie Öl, während die anderen beiden wie Wasser reagieren. Es reicht ein falscher Ton und der Klang ist dahin. Ein Mensch spricht so, handelt aber völlig anders. Das zeigt, dass seine Worte nicht mit seinen Gedanken und Emotionen in Einheit stehen. Jemand redet über sein eigenes Haus, wird aber nicht aktiv. Der Misston? Sein Handeln.

Nehmen manche einen Dreiklang als harmonisch wahr, hören andere einen schrägen Akkord.

Da strebt eine Person zum Beispiel nach Liebe, Gesundheit und Macht. Ein Wohlklang in ihren Ohren. Das empfinden nicht alle so. Für viele passen Macht und Liebe nicht zusammen. Es widerspricht sich ihrer Meinung nach. Sie hören einen schrägen Akkord. Würden sie selbst diesen Dreiklang anstreben, lebten sie in Disharmonie. Das macht handlungsunfähig. Sie ständen sich im Weg, weil sie der innere Widerspruch in unterschiedliche Richtungen zieht. Hörst du in deinem eigenen Leben solche Misstöne – Klänge, die nicht zusammenpassen? Geld, Erfolg, Ansehen. Ein Dreiklang, dem sich viele Selbstständige unterwerfen. Wurden sie erzogen, bescheiden zu bleiben oder sich nicht aufzuspielen, wird es schwierig. Wieder wird deutlich, wieso ein klares Statement so wichtig ist. Wenn du anfängst, dich für Töne deiner Akkorde zu entschuldigen oder zu rechtfertigen, ist das ein sicheres Zeichen dafür, dass du nicht in Harmonie mit dir bist. Was denkst du über Vertrauen, Treue, Ehe, Liebe, Ziele, Erfolg, Geld, Macht, Respekt, Bedürfnisse usw.? Das sind nicht nur Worte, sondern Werte. Deshalb solltest du deine Musik spielen, nicht die von anderen. Was bedeutet das?

Unser Leben besteht aus vielen Klängen, die miteinander harmonieren. Doch immer wieder tauchen Töne auf, die uns das ganze Lied versauen. Manchmal über mehrere Takte hinweg. Woher kommen die schiefen Laute – aus uns? Oder entsteht der Missklang erst, wenn die Akkorde des Umfelds mit unseren zusammentreffen? Beides, denke ich. Oft sind wir selbst in Disharmonie mit uns. Manchmal passt es mit anderen halt nicht. Lass uns annehmen, jeder hätte einen Basis-Dreiklang. Welche drei Werte sind dir am wichtigsten? Dieser Klang ist dein Thema, das Lebensthema. Denken und Handeln werden nicht darübergestülpt, sie entstehen daraus. Ein Sinn im Leben wird nicht irgendwie konstruiert und über deine Melodie geschmissen, sie entwickelt sich aus dem Akkord. Einer meiner früheren Musiklehrer fragte mich mal: „Dirk, was ist eigentlich Klang?" Es fiel mir schwer, das Wort zu erklären. „Ja, das ist, wenn ein Ton klingt." Grandios, oder? Er nahm ein paar Lappen, stopfte sie in das Schallloch meiner Gitarre und sagte: „Spiel." Schrupp. Schrummel. Dann folgte der typische Vortrag über Resonanzkörper und was Musiklehrer halt so sagen, wenn sie theoretisch werden. Als er mich aber fragte, mit welchen Lappen ich denn zugestopft sei, war ich irritiert. Es war plötzlich recht still im Raum. Wir waren zum Glück nur zu zweit. Nach einer Weile löste er die Spannung auf und sagte etwas, das ich nie wieder vergesse: „Du bist der Resonanzkörper für die Musik in deinem Leben. Hör auf, nur Töne nachzuspielen. Öffne dich endlich für die Musik."

Und das ist etwas, das uns das Gesetz der Anziehung vermittelt. Wir müssen nicht nur in Resonanz zu unserem Leben stehen, wir sind der Resonanzkörper unseres Lebens. Diesen Gedanken begreift in seiner Tiefe, wer sich spirituell öffnet. Es ist keine

Theorie. Sofern du Musiker bist, verstehst du sicher folgende Betrachtung: Manche Menschen nehmen ihr Instrument in die Hand und meinen, sie machen jetzt Musik. Nein, sie spielen Töne. Teilweise bis zur Perfektion. Lebendig wird es aber erst, wenn sie Musik empfangen und sie selbst zum Resonanzkörper werden. Mit ihrem Instrument leiten sie weiter, was sie aufnehmen. Die Lappen, mit denen ich zugestopft war? Theorie, Perfektionsdenken, Angst vor Fehlern, Sucht nach Anerkennung.

Mit der Leistungsgesellschaft haben wir uns absolut keinen Gefallen getan. Wir wollen Musik machen, Erfolg machen, Liebe machen, Leben machen. Zugestopft mit sämtlichen Lappen, hören wir uns an wie dumpfes Geschrummel. Was auch immer wir tun, es wird gemessen, bewertet, erwartet. Von anderen und uns selbst. Wie vermögen wir so Leben empfangen und fließen zu lassen? Kein Wunder, dass sich viele in einem Leben wiederfinden, das sie nicht leiden können. Auf einer Gitarre zu spielen, die mit Lappen zugestopft ist, macht schlicht keinen Spaß.

Mit dem Dreiklang Seele, Geist, Leben können viele Menschen etwas anfangen. Anderen widerstreben diese Begriffe. Sie reden lieber von Unterbewusstsein, Gedanken, Handlungen. Setzen wir voraus, jeder Mensch wurde mit einer Grundstimmung oder einem Grund-Akkord geboren. Dann stellt sich die Frage: Wie erlernen wir die Musik des Lebens? Wie spielen wir unser Instrument? Es gibt verschiedene Partituren - Religionen, Philosophien, Kulturen, Weltanschauungen. Eine, die richtungsweisend für mich ist, lese ich im jüdischen Talmud:

Achte auf Deine Gedanken, denn sie werden Worte.

Achte auf Deine Worte, denn sie werden Handlungen.

Achte auf Deine Handlungen, denn sie werden Gewohnheiten.

Achte auf Deine Gewohnheiten, denn sie werden Dein Charakter.

Achte auf Deinen Charakter, denn er wird Dein Schicksal.

Siehst und hörst du die verschiedenen Klänge, die ineinandergreifen? Auch jene, die sich vor dem ersten Blick verbergen, zum Beispiel Emotionen, Erfahrungen und Bedürfnisse? Tauchen wir tiefer ein, offenbaren sich Motivation, innere Antreiber, Visionen, Ängste, Glaubenssätze. Ich wäre wahnsinnig gerne dabei gewesen, als sich einem Beethoven, Vivaldi und Mozart Musik offenbarte. Ein anfänglicher Klang, der zu einem Thema wurde und sich immer breiter auffächerte. Hörst du die Töne in dem Spruch aus dem Talmud, die Klänge in deinem eigenen Leben? Nimm nur einen Gedanken von dir und fächere ihn so weit auf, wie du es vermagst. Hast du an dessen Ende etwas erschaffen, zumindest in deiner Fantasie? Oder ist es einer der fruchtlosen Gedanken, die klanglos verschwinden? Sieh dir deine Wünsche an. Gelingt es dir, sie bis zur Vollendung lebendig werden zu lassen, oder spuken sie nur wie haltlose Geister im Kopf herum?

Musik hat eine Seele. Wir ebenso. Das meint alles, was in uns ist. Was wir tun, wirken und erschaffen, sind Handlungen. Die Bühne für unsere Musik heißt Leben. Daraus leite ich den Grund-Akkord ab: Seele, Handlungen, Leben. Ist einer dieser Töne und all ihre Unterklänge in Disharmonie, erleben wir Kakophonie. Zu genau erspüren wir, das ist nicht das Leben, das wir uns vorstellen. Dennoch verharren viele Menschen in einem Konzert, dessen Musik sie nicht ertragen. Sofern sie nicht gänzlich abgestumpft sind, wünschen sie sich woandershin. Das allein hilft leider nicht.

Lass uns die Töne des Grundakkords genauer betrachten.

Seele

Schieben wir für einen Moment komplizierte Beschreibungen beiseite und fassen unter dem Begriff Seele unser ganzes Innenleben zusammen. Sie ist der Ort der Träume und Visionen, der schöpferischen Höhen und zerstörerischen Abgründe. Sie ist wie eine Werkstatt, mit allen erforderlichen Werkzeugen. Eine Persönlichkeits- und Charakterschmiede. Du bist der Meister, die Meisterin und sitzt vor dem Reißbrett, auf das ein leeres Papier gespannt ist. In großen Lettern siehst du geschrieben: „Wer möchtest du sein?" Du hast eine vage Idee, ein wenig verschwommen noch. Du bist entspannt, gibst dich dem kreativen Prozess hin und das Bild wird immer deutlicher. Jetzt erst wagst du es allmählich, die Werkstatt anzunehmen. Du schaust dich um und nimmst zögerlich die verschiedenen Werkzeuge in die Hand. An den Wänden entdeckst du Skizzen. Sie erinnern an deine Träume und an den Menschen, der du immer sein wolltest. „Wie konnte ich das nur vergessen?", schießt es dir durch den Kopf.

Wir haben ein so großes, schöpferisches Potenzial. Wieso nutzen wir nur einen Bruchteil davon? Ein Leben lang arbeiten wir an einer Persona von uns. Fieberhaft. Manchmal zwanghaft. Selbst wenn wir unglücklich sind damit. Kostüm? Zwangsjacke? Wer wärest du gerne und wie sähe dein Leben aus, gäbe es keinerlei Einschränkungen?

Es ist sinnvoll, unsere Blockaden anzuschauen. Sie unterbrechen den kreativen Schöpferprozess. Sie sind die Lappen, die die inneren Klänge verstummen lassen. Ich glaube dennoch, dass der übertriebene Fokus darauf nicht hilft. Was nützt es einem Musiker, sich die ganze Zeit mit den schiefen Tönen zu beschäftigen, die er zwischendurch mal gespielt hat? Bringt es ihm etwas, sich immer wieder vor Augen zu führen, dass er vor zehn Jahren sein Instrument nicht so virtuos beherrschte wie heute? Bleiben wir in der Werkstatt. Ein Schreiner hat ein Möbelstück versemmelt. Jetzt steht er jeden Tag aufs Neue in der Ecke und betrachtet das misslungene Stück. Wofür? Wenn etwas schiefgelaufen ist, schaut man kurz, woran es lag, ändert es und macht weiter. Doch wir haben die Tendenz, aus der Werkstatt eine Hölle zu erschaffen. Wir verbrennen an unseren Fehlern. Sie werden bis ins Unendliche aufgeblasen, bis sie den ganzen Seelenraum ausfüllen. Mit Schuldgefühlen krallen sie sich an den Wänden fest, um uns jeden Tag zu erinnern, welch Versager wir sind. In dieser Hölle macht ein Misserfolg Hunderte Erfolge zunichte – wiegt eine Beleidigung schwerer als einhundert Komplimente. Wundert es da, wenn Menschen den Blick in ihre Seele nicht mehr wagen? Werkstatt mit schöpferischen Möglichkeiten oder Hölle – wie betrachten wir die Seele? Ich glaube, hier ist eine Entscheidung fällig. Für jeden von uns. Auch das ist ein Statement. Wir agieren aus unserem Inneren und erschaffen die Welt, in der wir leben. Sie ist ein Spiegel von dem, was in uns ist. Und sie hat eine unglaubliche Anziehungskraft. Wer sich seine Hölle erschafft, zieht Dämonen an. Damit sind nicht die Menschen selbst gemeint. Aber deren Hölle und inneren Geister, die sie mit sich herumschleppen und sich immer wieder erschaffen. Denn gleich zu gleich gesellt sich gern. Trotzdem gilt: Nicht nur die Nacht mit ihrem Mond zieht Schatten an, sondern der Tag mit der

Sonne ebenso.

Handlungen

Wir handeln im Affekt, aus Reflex oder wohlüberlegt. Entweder steuern uns die Emotionen, das Unterbewusstsein oder wir denken zuvor gründlich nach. Das klingt sortiert, stimmt's? In der Realität ist das nicht immer so klar. Denn wie oft erwischen wir uns bei dem Gedanken, anders gehandelt zu haben, als wir es wollten? Das passiert meistens, wenn sich Emotionen nach vorne drängen. Nicht immer die positiven. Dann haben wir den Salat. Es ist plötzlich etwas in unserer Welt und in der von anderen, was wir dort nicht haben wollen. Das Wort ist gesprochen, die Mail geschrieben, die Ohrfeige hat gesessen und es ist kaputt, was wir zerstört haben. Unsere Handlungen sind die Schnittstelle zwischen unserer Seele und dem Leben. Wir agieren immer in zwei Richtungen: in die Welt da draußen und in die des eigenen Herzens. Deshalb sind wir für die Realität, die wir erschaffen, und unsere Seele gleichermaßen verantwortlich. Nicht umsonst haben wir das Bedürfnis, der Seele etwas Gutes zu tun – durch Spaziergänge, Ruhepausen, Meditation, Musik. Handlungen, mit der wir unsere innere Werkstatt aufräumen.

Es gibt Situationen, die triggern uns. Wir handeln emotional, weil wir nicht klar entscheiden können.

Verärgert nehmen wir uns vor, nächstes Mal anders zu reagieren. Aber leider erwischt es uns genau dann, wenn wir nicht damit rechnen. Die Vorsätze sind dahin. Wieder handeln wir wie fremdbestimmt. Dabei wollten wir doch souveräner, gelassener oder toleranter wirken. Genau – wirken! Aber sein? Es ist schwer, entgegen seinen Gefühlen und inneren Überzeugungen zu agieren. Das zeigen uns die Momente, in denen wir die Beherrschung verlieren. Das macht wütend. Verständlich. Was wäre, wenn es uns gelingt, in diesen Augenblicken zu akzeptieren, dass wir handeln, wie wir sind – hilflos, überfordert, verärgert …? Ich glaube, dass jeder das Gefühl von fremdbestimmt sein kennt. Aber ist es nicht eher so, dass wir innerlich uneins sind und die stärkere Kraft in uns die Oberhand gewinnt? Der Dreiklang harmoniert nicht miteinander. Der schrillste Ton drängt sich nach vorn.

Diese Disharmonie erleben auch jene Menschen, die sich zu Handlungen überreden lassen, die ihrer Seele zuwiderlaufen. Schlimmer noch, wenn sie gezwungen werden. Wir meinen, mit Selbstbeherrschung seien solche Situationen zu meistern. Das mag für einen Moment lang so wirken. Innerlich zerfrisst es uns jedoch häufig. Denn die Emotionen bleiben. Wir führen einen seelischen Kampf. Früher oder später bricht die Wahrheit hervor. Mit Wahrheit meine ich Wut, Verzweiflung, Ängste, Sorgen. Es mag sein, dass wir diese Wut nie gegen andere richten und wir nie unbeherrscht agieren. Aber sie hat

Auswirkungen auf uns selbst. Das beginnt mit Verstimmungen und endet in schweren Krankheiten.

Wir haben die Macht zu entscheiden, wie wir reagieren. Das meint aber nicht einfach Selbstbeherrschung für den Moment. Die ist nur kurzfristig. Es umfasst vor allem die Verantwortung, wie wir langfristig mit uns selbst umgehen. Wie behandeln wir uns und finden zurück in einen harmonischen Dreiklang? Der erste Schritt bleibt der schwierigste – anzunehmen, was wirklich in uns vorgeht. „Ich fühle mich hilflos." Ein solches Eingeständnis zum Beispiel kann verdammt wehtun. Aber nur dadurch gibt es ein Danach. Übertragen auf andere Situationen klingt das plausibel. „Ich kann dieses Lied noch nicht singen oder auf meinem Instrument spielen." Mit ein paar weiteren Fragen gelingt es uns, ein Ziel und eine Strategie zu entwickeln. Kannst du schon einen Teil des Liedes? Welche Noten machen dir Schwierigkeiten? Macht es Sinn, die Aufgabe in kleine Einheiten runterzubrechen? Wenn ich selbst Blues-Stücke übe, die etwas komplexer sind, unterteile ich das Solo in kurze Licks. Die höre ich mir immer wieder an. Ich visualisiere die Melodie vor meinem inneren Ohr. Es ist wie Mentaltraining. Das führt dazu, dass das Gehirn den Widerspruch zwischen Händen und Ohr aufheben will. Und jetzt kommt etwas Wichtiges: Wenn wir eine solche Melodie immer wieder innerlich abspielen, sehen wir in unserem Kopf nicht, was alles schieflaufen könnte. Wir hören nur diese Melodie, keine falschen Varianten davon. Anders ist es, wenn wir Themen wie Versagensängste oder Hilflosigkeit angehen. Wir stellen uns vor, wie wir in einer zukünftigen Situation handeln werden. Doch immer wieder schleichen sich Zweifel ein. Es tauchen Bilder auf, die unseren harmonischen Vorstellungen widersprechen. Woran liegt das? An den Emotionen. Eine Melodie, die uns begeistert, hören wir nicht nur innerlich. Wir empfinden sie. Bilder – in diesem Fall akustische - und Gefühle bilden eine Einheit. Sie werden zur treibenden Kraft. Und genau hier sehe ich den Grund, warum Techniken wie Visualisieren und Affirmationen polarisieren. Eine Melodie, die du fürchterlich findest, sich aber wie ein penetranter Ohrwurm in deinem Kopf wiederholt, ist wie eine Affirmation, die nichts mit dir zu tun hat. Mit jeder Wiederholung sind wir nur genervter und werden erinnert, dass die Wahrheit in uns anders ausschaut. Einem Menschen, der sich hilflos fühlt, nützt es nicht, sich einzureden: „Ich bin souverän." Das führt zu innerem Missklang und Uneinigkeit. Ist der Zustand deshalb aussichtslos? Nein. Eine kleine Änderung der Formulierung verändert alles: „Es gab in meinem Leben Situationen, in denen ich mutig reagiert habe. Das zeigt, dass ich auch souverän bin. Davon will ich mehr." Hier findet das Gehirn keinen Widerspruch. Es wird die innere Welt mit der äußeren synchronisieren. So, wie es eine verinnerlichte Melodie mit den Händen des Musikers vereint. Das funktioniert eben nur, wenn wir Resonanzkörper für dieses Lied sind.

Der ein oder andere wird einwenden, dass es Störenfriede und Hindernisse gibt, für die man nichts kann. Das stimmt. Und ich teile nicht die Auffassung, wir würden alles im Leben anziehen. Setzen wir uns gedanklich einen Moment in ein Konzert. Lauschen wir den Klängen des Orchesters, die den ganzen Raum erfüllen. Plötzlich klingelt ein Handy. Disharmonie. Weder die Musik noch die Musiker tragen Schuld daran, dass das Telefon stört. Das Orchester sendet harmonische Klänge. Töne und Instrumente unterliegen seinem Einfluss. Nicht das Smartphone und nicht das Verhalten des Besitzers.

Der Verstand wirkt wie die Schaltzentrale des Dreiklangs. Von hier aus koordinieren wir unsere Handlungen. Doch manchmal scheint die Seele das Kommando zu übernehmen und ein anderes Mal das Leben selbst. In diesen Augenblicken urteilen wir womöglich zu schnell über uns und reden von Versagen und Unbeherrschtsein. Der innere Dreiklang ist gestört und ein Teil in uns kam nicht zu Wort. Dafür meldet er sich in manchen Situationen umso lauter.

Lassen wir den Gedanken hinter uns, dass es nur einen Kommandeur auf dem Posten gibt. Alles hat seine Zeit. Jeder aus dem Dreiklang nimmt mal auf der Brücke Platz, um das innere Orchester zu dirigieren. Manche Menschen geben nur ihrer Seele, der spirituellen Seite, das Kommando. Das wirkt dann schon mal abgehoben. Ihnen fällt es oft schwer, mit Lebensaufgaben und Aufgaben des Alltags umzugehen. Andere sind wiederum zu kopflastig. Es fehlt der emotionale Ausgleich. Und dann gibt es jene, die sich als Opfer eines nicht beeinflussbaren Schicksals erleben. Sie haben das Kommando abgegeben und warten täglich auf neue Befehle und Anweisungen. Im Flow sind wir dann, wenn auf der Kommandobrücke Einheit herrscht – alle Anteile in uns in dieselbe Richtung blicken und fahren. Ist das erstrebenswert und der Sinn des Lebens? Oder ist die Richtung selbst der Lebenssinn?

In unserer Leistungsgesellschaft lernen wir zu bewerten. Wir teilen auf in gut und schlecht. Das eine hat mehr Wert als das andere. Bevor wir überhaupt dazu kommen, die Sinnfrage zu beantworten, sind wir ständig mit inneren Kämpfen beschäftigt. Drei Streithähne am Ruder, die darüber zanken, wer das Kommando übernimmt. Das Schiff kommt in der Zeit keinen Millimeter weiter.

Was wäre, wenn wir in jedem Bereich einen Meistergrad anstreben? Welche Konsequenzen hätte das? Was ist mit einem Klavierspieler, der nur mit der linken Hand übt? Oder der beide Händen trainiert, aber das Notenlernen vernachlässigt?

Wenn es so etwas gibt wie Schicksal, dem wir nicht entrinnen, liegt es darin, den Dreiklang in Harmonie zu bringen, damit wir uns fortbewegen können. Dann bedeutet Schicksal Bedingung oder Spielregel.

Welcher Teil hindert dich, voranzukommen?

Grenzt du Anteile in dir aus oder vernachlässigst du sie?

Leben

Das Leben ist das Resultat von Seele und Handlungen. Betrachte es einmal aus der Vogelperspektive. Aus dem, was du vor dir siehst, kannst du Rückschlüsse ziehen, wie du gehandelt hast. Einen falsch gespielten Ton stopfen wir nicht mehr ins Instrument zurück. Die Resultate des Lebens zaubern wir ebenso wenig weg. Ist der Ton raus, hören wir ihn so lange, bis er verklingt. Es sei denn, wir spielen einen anderen Ton. Haben wir jemanden verletzt, löst sich diese Verletzung nicht in Luft auf. Aber im nächsten Schritt können wir uns entschuldigen. Es macht die Kränkung nicht ungeschehen. Du spielst einen neuen Ton. Den ersten zu einem anderen Lied. Ja, es kommt vor, dass dieser Ton auf taube Ohren stößt. Fehlt die Resonanz, gibt es keine Anziehung. Das ist okay. Betrachte diesen Gedanken einmal ohne Erwartungshaltung oder der Frage nach Schuld. Du wirst feststellen, dass du einen großen und gleichzeitig begrenzten Wirkungsbereich hast. Für das Verhalten anderer Menschen bist du nicht verantwortlich. Nur für deins. Die Anstrengungen deines Umfelds bringen dich hingegen ebenso wenig weiter. Wie viele Leute bilden sich etwas auf die Leistungen ihrer Partner ein. Sie schmücken sich mit fremden Lorbeeren.

Die Bühne des Lebens offenbart uns gnadenlos, wer und wie wir sind. Menschen gehen mit uns so um, wie wir selbst mit uns umgehen oder es ihnen erlauben. Die Schätze, die wir haben, zeigen, was wir uns wert sind. Gibt es keine, ist auch das eine Aussage. Nein, damit sind nicht unbedingt materielle Schätze gemeint. Die simple Frage nach dem Warum offenbart, was wir sehen. Die Antwort beginnt mit: „Weil ich …" In manchen Situationen wird uns diese Ansicht nicht gefallen oder wütend machen. Zum Beispiel wenn wir uns erwidern: „Weil ich:

- mir alles bieten lasse,
- abhängig bin von dem, was andere über mich denken,
- keine Grenzen setze …"

Eine Beleidigung verletzt enorm, wenn sie in unsere wunden Punkte trifft. Ansonsten prallt sie an uns ab. Auch von Lob und Anerkennung machen wir uns oft zu abhängig. Es sind Worte, die erst in uns selbst Bedeutung und Wert bekommen. Wir meinen, das Umfeld beeinflusst das eigene Handeln. Wir sind es. Für einen Augenblick kalibrieren wir uns auf das Gegenüber ein und reagieren. Das hat natürlich Einfluss auf unser Leben. Warum? Weil wir Macht abgegeben haben. Und hier tritt das Phänomen auf, dass wir gerne Menschen suchen, die uns immer wieder Ähnliches sagen und entsprechend behandeln. Versteckte Selbstsabotage. Wir haben gelernt, welcher Menschentyp wie auf uns reagiert.

Umgekehrt setzen wir das nicht um. Ich kenne nur wenige Leute, die sich immer wieder jemanden suchen, der sie ermutigt.

Da wir Gewohntes ständig wiederholen, gräbt es sich tief in unser Gedächtnis ein. Es wird zur Routine. Jedem ist bewusst, dass es Zeit und Übung braucht, etwas Neues zu erlernen. Doch es gibt ein Thema, da belächeln wir diese logische Vorgehensweise. Es sind die Affirmationen.

AFFIRMATIONEN

Das Thema wird geliebt oder belächelt. Es wird herablassend gespottet, niemand wird ein Baum, nur weil er es sich täglich suggeriert. Ich verstehe, wenn gesagt wird, keiner wird finanziell reich, nur weil er es sich einredet. Er muss obendrein etwas dafür tun. Aber mit einem Totschlagargument die Kraft der Affirmationen vom Tisch fegen? Mensch und Baum im Vergleich zu Mensch und reich? Das finde ich ein wenig dünn. Zumal die Spötter bestätigen würden, dass es nicht ohne Wirkung bleibt, wenn sich jemand jeden Tag einredet, wertlos zu sein. Die eigentliche Frage ist, wieso es bei positiven Einreden so polarisiert. Ist es Angst? Oder geben wir einem negativen Bild über uns selbst mehr Kraft und Bedeutung? Glauben wir eher, minderwertig zu sein als wertvoll?

Dennoch, die Spötter haben recht, dass es sinnlos ist, sich hinzusetzen, sich das Leben schöner zu wünschen und nichts dafür zu tun. Welchen Sinn macht es, sich einzureden, gesund zu sein, wenn man ungesund lebt? Es entspricht sich nicht, es widerspricht sich. Hier findet sich wieder der normale Dreiklang. Gedanken, Handlungen und Ergebnis. Sie harmonieren miteinander oder eben nicht. Affirmationen wirken durch ihre Wiederholung, falls sie nicht im luftleeren Raum stehen. Sie müssen zunächst in uns selbst auf Resonanz stoßen. Auch wenn diese Entsprechung vorerst nur latent vorhanden ist.

Werbung ist ein tolles Beispiel dafür. Über Augen und Ohren wird sie penetrant in unser Gehirn gehämmert. Beiläufig. Deshalb ist es so wirkungsvoll. Das Bewusstsein ist abgelenkt. Die Botschaft schleicht sich ins Unterbewusstsein. Vorbei an den warnenden Gedanken. Sie findet ihren Weg zum Bedürfnis nach Schokoriegeln. Der Schalter wurde ausgelöst. Nehmen wir die Werbung bewusst wahr, durchschauen wir die Manipulation. Dann können wir uns wehren und entscheiden, auf die Riegel zu verzichten. Bei positiven Einreden ist es genauso. Sagt sich jemand, er sei gesund, scannt das Bewusstsein den Körper ab. Es sieht den schmerzenden Arm oder den kaputten Magen und protestiert. Die Aussagen zu wiederholen, wäre sinnlos. Das führt nur dazu, dass der Verstand die Gegenbeweise wiederholt.

Wie ist es aber, wenn ein Mensch täglich die empfohlene Menge Wasser trinkt, schädliche Nahrung weglässt und sich sagt: „Ich werde mit jedem Tag gesünder und gesünder." Das Bewusstsein kann dem nicht widersprechen. Denn erstens ist diese Bekräftigung keine Falschbehauptung, wie zum Beispiel „ich bin kerngesund". Zweitens tut die Person etwas für ihr Wohlbefinden.

Dazu fällt mir ein schöner Witz ein. Ein Mann betet jeden Tag zu Gott, er möge ihn doch endlich im Lotto gewinnen lassen. Er fleht, schreit, stammelt und jammert. Tag für Tag dasselbe Gebet: „Herr, bitte schenke mir einen Lottogewinn." Irgendwann reißt Gott der Geduldsfaden und er antwortet: „Dann gib doch endlich mal einen Lottoschein ab."

Dieser Witz zeigt die innere Haltung des Mannes. Er wartet auf einen Retter, auf Hilfe von außen. Der Gedanke, selbst handlungsfähig zu sein, kommt ihm nicht in den Sinn. Er hat sich längst mit seiner Hilflosigkeit identifiziert. Positive Affirmationen sind für ihn schlicht eine Lüge. Gibt es dafür keine Entsprechung ihn ihm? Doch. Aber sein Fokus liegt einzig auf all den Erinnerungen, in denen er sich machtlos wähnte. Seine Emotionen sind wie Hüter dieser Erinnerungen. Sie steuern sein Handeln. Das geschieht mit guter Absicht. Denn sie bewahren ihn vor Veränderung und davor, dass seine Persönlichkeit stirbt. Jeder hat Angst, seine Identität zu verlieren. Das ist wie sterben. Hierin liegt der Grund, weshalb Menschen in einem Leben verharren, das ihnen nicht guttut. So verrückt es klingt, eine positive Affirmation dringt in diesem Fall wie eine Bedrohung in das innere System ein. Weder ein Erfolgreicher noch ein vermeintlich Hilfloser gibt seine Identität so einfach her. Wenn wir das in der Tiefe begreifen, verstehen wir Kraft und Grenzen von Affirmationen. Die Bibel sagt sinngemäß: „Man füllt keinen neuen Wein in alte Schläuche." Manchmal müssen wir die innere Entsprechung in uns erst finden und zum Leben erwecken. Dann den Fokus darauf legen. Immer wieder. Das klingt ein bisschen wie Konditionierung, stimmt's? Das ist es. Denn nur dadurch sind wir geworden, wer wir sind. Ein Trigger ist der Auslöser für Emotionen und Gedanken, die wir uns antrainiert haben. Und ein süßes Leckerchen macht uns nicht zu anderen Menschen. Es heißt: „Gib einem Armen eine Millionen Euro und er wird alles wieder verlieren. Nimm einem Reichen sein Vermögen und er wird es bald wieder aufgebaut haben."

Stimmen die Gesetze von Anziehung und Entsprechung? Haben wir unser Leben selbst geschaffen? Ja, weil wir auf die immer gleiche Weise handeln. Nein, weil wir aus Reflex reagieren, so, wie es die Konditionierung vorgibt. Der Moment, in dem wir das durchschauen, eröffnet uns neue Möglichkeiten. Das bewahrt uns aber nicht davor, immer wieder in alte Muster zurückzufallen. Wir müssen neu trainieren. Es ist ein Transformationsprozess.

TRANSFORMATION IST KRISE

Jeder Organismus, jedes Lebewesen und jedes System strebt nach Wachstum und Verbesserung. Beides entsteht durch Anpassung und Veränderung. Träge Systeme verändern sich nicht, weil es keine Veranlassung gibt – es läuft ja irgendwie. Deshalb sorgt das Leben für Feedback und Hindernisse und versucht sogar, das System zu zerstören. Es überlebt, wenn es gewachsen ist oder sich angepasst hat. Seit Darwin wissen wir, nicht der Stärkere gewinnt, sondern jener, der sich besser anpasst.

Warum überwinden manche Menschen erfolgreich eine Krise, während andere untergehen? Das hängt von der Fähigkeit ab, sich zu fokussieren. Egal, welches System wir betrachten, in Partnerschaft, Familie, Unternehmen etc. gibt es ein immer gleiches Phänomen: Wer in der Krise nur auf Schwachstellen fixiert ist, bleibt darin hängen und geht früher oder später mit ihnen unter.

Wer die Probleme anerkennt, aber den Blick in die lösungsorientierte Zukunft wagt, hat eine Chance, die Krise zu bewältigen. Eine Chance. Mehr erst mal nicht. Denn nach vorn zu schauen allein reicht nicht aus. Es ist wichtig zu handeln. Wo stehe ich im Augenblick (A), wo liegt mein Ziel (B) und was muss getan werden, um von A nach B zu gelangen?

Manchmal geht dem ein anderer Dreiklang voraus. Trauern, loslassen, Hände freimachen. Da fällt mir direkt die Geschichte ein, wie Affenjäger ihre Beute fangen. In einen Baumstamm bohren sie ein Loch, das so groß ist, dass eine Affenhand hinein-passt. Dorthinein legen sie Futter. Sie warten gedul-dig, bis ein Affe an die Beute herantritt, seine Hand in den Baum steckt, um es zu ergreifen. Damit hat die Falle zugeschnappt. Merkwürdig, oder? Die Affenjäger wissen, dass die Tiere ihre Beute um nichts in der Welt wieder hergeben. Genau das ist ihr Verhängnis. Denn auch wenn die geöffnete, schlanke Hand in das Loch passt, ist die Faust zu groß für die Öffnung. Das Tier müsste nur das Futter loslassen und es wäre wieder frei. Das macht es aber nicht.

Hand aufs Herz: Handeln wir manchmal nicht ebenso? Es gibt Situationen im Leben, da halten wir krampfhaft fest – aus Angst, Wut, Trauer oder anderen Gründen. Selbst wenn wir wissen, dass es uns eher schadet oder an der Weiterentwicklung hindert – wir verharren mit geballter Faust. Trotzig halten wir sie dem Leben entgegen und blenden aus, dass nur eine geöffnete Hand bereit ist zu emp-fangen.

Mit dem Schmerz einer gescheiterten Beziehung auf eine neue einlassen? Mit der Wut über verpass-te Chancen die Augen für andere Chancen öffnen? Schwierig, oder? Die besten Affirmationen und Zu-kunftsvisionen helfen nicht, solange das Herz in der Vergangenheit hängt. Viele Menschen versu-chen, den Prozess des Loslassens und Abschieds zu übergehen. Natürlich ist es nicht immer erforderlich. Manchmal gilt: Springe von einem toten Pferd ab und mache etwas anderes. Die eigentliche Frage aber ist: Wie sehr hängt die Seele, also die Gedanken und Emotionen noch im alten Zustand? Wie beim Affen scheint es ein innerer Zwang zu sein, krampfhaft festzuhalten. Neue Träume und Visionen oder auch Affirmationen fallen auf keinen guten Nährboden. Was für den Affen das Futter, ist für uns vielleicht eine Beziehung, ein Arbeitsplatz, Wohnort oder ein unerfüllter Traum, den wir nicht loslassen können.

DAS KÜBLER-ROSS-MODELL

Elisabeth Kübler-Ross, eine US-amerikanische Psychiaterin und Sterbeforscherin (1926-2004), unterteilte die Zeit der Trauer in fünf Phasen. Dabei verstand sie ihr Modell nicht statisch. Sie erklärte, dass Menschen manchmal Phasen übersprangen, eine andere Reihenfolge durchliefen oder hin und her sprangen. Die Phasen lauten:

1. Nicht wahrhaben wollen
2. Wut
3. Verhandeln
4. Depression
5. Annehmen

Nicht wahrhaben wollen

Ein Mensch erfährt, dass er sterbenskrank ist und ihm nur wenige Monate oder Wochen bleiben. Eine erste Reaktion ist häufig, sich der Aussage zu versperren und als Unwahrheit abzutun. In dieser Situation suchen die Patienten andere Ärzte auf, um sich eine weitere Meinung einzuholen. Sie sind davon überzeugt, dass ihr Doktor keine Ahnung hat. Manche behaupten, die Untersuchungsergebnisse seien vertauscht worden.

Wut

Wenn die Tatsachen nicht mehr zu verleugnen sind, reagieren viele Menschen mit Wut. Auf alles und jeden. Wut auf den Überbringer der Hiobs-Botschaft, auf die Lebenden und auf das Leben selbst. „Warum ausgerechnet ich?", ist eine vielgestellte Frage. Aussagen wie „Es gibt so viele schlechte Menschen, die anderen Leid zufügen – warum trifft es nicht sie?" sind ebenfalls typisch.

Verhandeln

Wir Menschen haben einen äußerst großen Überlebenswillen. Gepaart mit Angst und Verzweiflung entwickelt sich daraus die Strategie des Verhandelns. Den Tod vor Augen, versuchen wir jemanden zu bestechen, oft eine imaginäre Person, einen Gott oder Engel. „Wenn ich überlebe, gehe ich sonntags in die Kirche", „Wenn ich überlebe, entschuldige ich mich bei allen, denen ich Leid zugefügt habe", „Wenn ich wieder gesund werde, spende ich Blut oder ich gebe mein Geld in die Krebsforschung."

Depression

Der Tod ist unausweichlich. Die Menschen fallen in eine tiefe Depression. Diese Traurigkeit bezieht sich nicht nur auf die eigene Person, sondern auch auf die Hinterbliebenen. Das Bewusstsein, nichts tun zu können, zeigt die ganze Ohnmacht: „Was tue ich meinen Kindern, meinem Partner nur an? Was sollen sie ohne mich tun?" In dieser Phase ist es nur verständlich, wenn der Patient zurückspringt in die Wut oder erneut versucht zu verhandeln.

Es entsteht der Wunsch, Dinge in Ordnung zu bringen und für Frieden mit Verwandten und Bekannten zu sorgen. Manche möchten das ein oder andere für ihre Familie regeln, für die Zeit nach dem Tod.

Annehmen

Nehmen die Patienten ihr Schicksal an, ist es für Außenstehende schnell sichtbar. Der Sterbende scheint in einer anderen Welt zu sein, wirkt losgelöst und manchmal unerreichbar. Er wehrt sich nicht und strahlt eine tiefe Ruhe aus, die manche Angehörige beängstigend finden. Die Probleme des

Lebens und des Alltags sind nicht mehr seine.

Das sind die Phasen, die Kübler-Ross notierte. Wir sehen, dass hier echte Begegnungen stattfinden. Begegnung mit Ängsten, Schmerzen, Grenzen, Ohnmacht und dem Tod.

Die Ähnlichkeiten zu Lebenskrisen sind erkennbar. Da das Leben nach Krisen weitergeht, macht es Sinn, das Modell um eine weitere Phase zu ergänzen: Integration. In dieser Stufe fließen die Erfahrungen und Lernprozesse in unser Leben ein. Aus dem Kübler-Ross-Modell wird das Krisenmodell.

DAS KRISENMODELL

An einem Beispiel übertrage ich die Phasen und reiße sie kurz an.

Petra und Holger sind seit zwanzig Jahren verheiratet und haben gemeinsame Kinder. Sie hat die klassische Rolle der Hausfrau und Mutter übernommen. Er versorgt die Familie als Alleinverdiener. Im Laufe der Jahre hat Petra einige Kontakte zu anderen Menschen entwickelt: Mütter, Lehrer und Leute aus den Vereinen, die die Kinder besuchten. Nur Freunde hat sie keine. Die beiden Bekannten, die hin und wieder zu Besuch kommen, sind schon seit Ewigkeiten Freunde ihres Mannes.

Eines Tages eröffnet Holger ihr, dass er sie verlässt. Er habe jetzt eine andere. Für Petra bricht eine Welt zusammen.

1. Nicht wahrhaben wollen.

Auch wenn Petra manchmal Verdacht schöpfte, schaffte Holger es immer wieder, sie vom Gegenteil zu überzeugen. Sie selbst hatte ihre Sorge als unberechtigte Eifersucht weggewischt. Umso mehr trifft sie jetzt der Schlag. Gedanken und Emotionen prasseln auf sie ein. Sie merkt, wie sie den Boden unter den Füßen verliert, und sackt in sich zusammen. „Das kann doch alles gar nicht wahr sein", schießt es ihr durch den Kopf. Die Ehe läuft wie im Zeitraffer an ihr vorbei - die große Liebe, der erste leidenschaftliche Sex, die Hochzeit in Weiß, die Kinder, das Haus, die Urlaube ... Und war sie nicht da, um seine Karriere zu unterstützen ... Und hatte sie nicht ... „Sag, dass das nicht stimmt", war das Erste, was sie von sich geben konnte.

2. Wut

„Dem werde ich es zeigen, er wird schon sehen. Und die Neue soll sich bloß in Acht nehmen. Die weiß wahrscheinlich gar nicht, dass er verheiratet ist und Kinder hat. Dem werde ich die Suppe versalzen. In seiner Arbeitsstelle werde ich ihn zur Rede stellen ..." Pure Wut. Manchmal richtete sie sich ins

Außen, ein anderes Mal gegen sie selbst. Petra verurteilte sich als Versagerin. Sie war nicht zu klaren Gedanken fähig. Sie fühlte sich im Stich gelassen, ausgenutzt und weggeworfen. Jede schöne und verbindende Erinnerung vergrößerte ihren Schmerz und ließ die Wut weiter anschwellen. In ihr tobten Rachegelüste.

3. Verhandeln

Immer wieder suchte sie den Kontakt zu Holger und versuchte, ihn zu überzeugen, dass seine „Neue" nur ein Strohfeuer sei. Sie werde sich in Zukunft ändern. Sie könnten eine Paartherapie besuchen. Vielleicht würde ein gemeinsamer Urlaub helfen, ohne Kinder. Wie wäre es, wenn sie zu ihrem ersten Urlaubsort fahren, dorthin, wo sie waren, als sie sich verliebt hatten. Bis jetzt hatte sie immer Nein gesagt zu der einen Sache, die ihn beim Sex anturnte, aber sie werde sich für ihn daran gewöhnen.

4. Depression/Trauer

Petra sah ihre Felle wegschwimmen. Sie dachte an die Kinder. Der Großen war es vielleicht egal. Aber Max war doch immer ein Papa-Söhnchen. Woher die Kraft nehmen, den Jungen aufzufangen, wenn sie selbst litt? Seit Jahren war sie aus dem Beruf raus, wie würde sie die Zukunft finanzieren? Was würden die Leute denken und was müssten sich die Kinder anhören? Petra war zutiefst deprimiert. Das Gefühlskarussell nahm sie in die Mangel und drehte sie durch Wut, Verhandeln und Depression.

5. Annehmen

Einige Monate später, sie holte sich Hilfe bei einer Psychologin, fing sie sich. Weder Holger noch ihre heftigen Emotionen hatten weiterhin Macht über sie. Ihr war es wieder möglich, klar zu denken. Sie merkte, dass sie souverän mit ihrem Exmann redete, wenn etwas wegen der Kinder zu besprechen war. Immer mehr erkannte sie ihren eigenen Wert und wurde sich bewusst, was sie all die Jahre gestemmt hatte. Sie war stolz auf sich.

6. Integration

Petra ahnte, dass sie noch einiges vor sich hatte. Zu lange hatte sie sich nicht um sich selbst gekümmert, sondern sich vernachlässigt. Das wird sich ändern, nahm sie sich vor. Sie würde einen Freundeskreis aufbauen, an ihrem Selbstwert arbeiten, einem Hobby nachgehen. Vieles aus der Ehe wurde ihr bewusst. So oft hatte sie Erwartungen erfüllt, die ihren Werten und Bedürfnissen widersprachen. Sie verstand immer mehr den Unterschied zwischen Kompromiss und Selbstaufgabe. In der Therapie lernte sie außerdem, mit dem „Erwachsenen-Ich" auf Abweisung zu reagieren.

ERSTE GEDANKEN

Zugegeben, das Beispiel läuft etwas glatt. Bei der Achterbahn der Gefühle ist es wahrscheinlicher, dass Petra häufiger hin und her springt. In jeder Phase lauert die Gefahr, stecken zu bleiben. Patienten, die bis zum Schluss in Wut oder Nicht-Annehmen verharren, sterben oft unfriedlich. Angehörige erleben das als langen Todeskampf. Quälend und sinnlos.

In Krisen können wir uns den Lernprozessen ebenfalls verweigern. Würde Petra ihre unverarbeitete Wut in die nächste Partnerschaft tragen, bliebe das nicht folgenlos.

Solch ein Krisen-Modell spiegelt unsere Bereitschaft, selbstbestimmt zu handeln. Verharren wir in der Schuldfrage und Opfermentalität, oder richten wir uns auf und streben Lösungen an? Es offenbart die Fähigkeit und den Willen zur Reflexion. Welchen Anteil hatten wir selbst an den Situationen, die wir erlebten?

Doch in erster Linie ist dieses Modell eins: nur ein Modell. Es ist weder neu noch eine bahnbrechende Methode. Es löst keine Probleme. Manche spricht es an, andere nicht. Damit du weißt, ob es dir dient, lass uns tiefer eintauchen in die Materie. Dazu werde ich jeden Schritt einzeln beleuchten.

DIE KRISE

Lass uns zuvor über die Fragen nachdenken, was eine Krise genau ist, ob es Unterschiede gibt und ob sie sich immer ankündigt. Der Duden[1] beschreibt sie unter anderem als: [...] 1. Schwierige Lage, Situation, Zeit [die den Höhe- und Wendepunkt einer gefährlichen Entwicklung darstellt] [...].

Jeder kennt Krisen. Der eine mehr, der andere weniger. Verlust, Krankheit und Tod. Davon bleibt niemand verschont. Wir unterscheiden zwischen schweren und leichten Miseren. Der Verlust eines geliebten Menschen ist dramatischer als der eines Autos. Das heißt, wir setzen in Relation. Aber auch in ähnlichen Situationen reagieren wir unterschiedlich. Zum Beispiel beim Wegfall des Arbeitsplatzes. Die einen bezeichnen es als kritische Lage, andere als Tiefpunkt und für manche ist es eine Vollkatastrophe. Es gibt somit einen weiteren Parameter, der die Dimension einer Krise beschreibt: das persönliche Empfinden.

---

1   WWW.DUDEN.DE

WICHTIG IST DIE WAHRNEHMUNG DES EINZELNEN

Eine Situation wird zur Krise, wenn die betreffende Person es so empfindet. Das hängt schlicht damit zusammen, dass sie sich überfordert fühlt. Mit ihren bisherigen Methoden, ein Problem zu lösen, kommt sie nicht weiter. Alle Erfahrungen, bekannten Lösungsmöglichkeiten, Ideen und Ressourcen scheitern. Andere Menschen sind in einer ähnlichen Situation widerstandsfähiger. Sie sehen mehr Möglichkeiten und sind weniger leicht zu erschüttern.

Eine Krise ist die Unterbrechung des Flows. Sei es im Alltag, in den Abläufen, Gewohnheiten, Emotionen und Gedanken, schlicht in dem, was wir den Ist-Zustand nennen und mit normal beschreiben. Stelle dir vor, in einem Stromkreis wird ein Kabel zerschnitten. Der Kreislauf ist unterbrochen. Die Herausforderung besteht darin, diesen wieder in Gang zu setzen. Dazu werden die Drahtenden verlötet, überbrückt oder das Kabel ersetzt. Bezogen auf Krisen steht Löten womöglich für Heilen der Wunden. Manchmal bleiben Narben zurück. Überbrücken hieße Lösungen aus ähnlichen Situationen übertragen und adaptieren. Austauschen stünde für Denk- und Handlungsmuster ersetzen. In manchen Krisensituationen versuchen wir immer wieder dasselbe, in der Hoffnung, dass es irgendwann schon klappt. Verzweiflung und Unsicherheit haben uns fest im Griff. Deshalb ist Trauern und Loslassen ein wichtiger Prozess, damit wir wieder Licht sehen. Eines ist sicher, wir sind nach der Krise andere Menschen als zuvor. Es findet ein Wandlungsprozess statt.

DER VERWANDLUNGSKÜNSTLER

Verwandlung als Kunst zu betrachten, wirft ein anderes Licht auf den Transformationsprozess. Krise wird zum schöpferischen Prozess und strebt von Beginn an nach einem Ergebnis. Welche Persönlichkeit erschaffe ich in mir, könnte die Frage lauten. Manchmal wirkt der Ist-Zustand so bitter, dass er jeden Gedanken verseucht. Krampfhaft versuchen wir, die nächsten Schritte zu erkennen. Sie erschließen sich uns nicht. Ein Perspektivenwechsel scheint notwendig. Neue Möglichkeiten lassen sich besser von einem Ziel oder Ergebnis her ableiten. Niemand sagt auf einer Wanderung: „Ich komme von da, deshalb muss ich nun dorthin." Eher lautet die Aussage: „Ich möchte dorthin, also muss ich jetzt diesen Weg nehmen." Genau das ist der Knackpunkt im Leben. Viele Leute leiten ihre nächsten Schritte aus der Vergangenheit. Das klingt dann so:

- Ich bin in schlechten Verhältnissen aufgewachsen, deshalb werde ich weiterhin erfolglos sein.

- Meine Ehe ist gescheitert, ich werde nie jemanden finden, der oder die zu mir passt.

- Einmal Versager, immer Versager.
- Ist doch eh immer das Gleiche mit Arbeitsstellen, Geld, …

Der Verwandlungskünstler begibt sich geistig in die Zukunft, die er erleben will. Er verschwendet keine Gedanken an „möglich oder unmöglich", verliert dennoch nicht seinen Realitätssinn. In der Krise, getrieben von negativen Emotionen, halten wir Lösungen und Träume zu schnell für unerreichbar. Im Frust neigen wir dazu, unsere Bedürfnisse abzuwerten, und verurteilen sie als Hirngespinste und Luftschlösser. Die wichtigste Erkenntnis ist jetzt, den neuen Weg nicht aus der Vergangenheit abzuleiten, sondern aus dem Ziel. Die Energie folgt auch hier der Aufmerksamkeit.

JONGLIEREN

Der Dreiklang funktioniert wie Jonglieren. Ziel ist, die Bälle in Bewegung und somit lebendig zu halten. Sie harmonieren, solange sie im Flow sind und nicht kollidieren. Ich bewundere die Leichtigkeit, mit der manche die tollsten Formationen in der Luft zaubern. Wie ist es mit unseren Lebensbällen – geraten sie durcheinander? Fliegen sie uns um die Ohren? Fühlt es sich leicht oder verkrampft an, wenn wir die Aufgaben des Alltags und Lebens hantieren? Manchmal so, manchmal so – stimmt's? Es ist nachvollziehbar, dass es hin und wieder wahnsinnig anstrengend ist. Selbst ein Musikstück, das uns berührt, lebt von seinen Pausen. Nichts in der Natur ist permanent in Bewegung.

Jemand wird einwerfen, ein Fluss fließt ständig. So scheint es auf den ersten Blick. Doch das Wasser lässt sich eher treiben, statt dass es sich aktiv bewegt. Es nutzt die natürlichen Energien und bleibt anpassungsfähig. Dazu ein Zitat von Bruce Lee: „Leere deinen Geist, sei formlos, ohne Gestalt, wie Wasser. Wenn du Wasser in eine Tasse gibst, wird es zur Tasse. Füllst du Wasser in eine Flasche, wird es zur Flasche. Wenn du es in eine Teekanne gibst, dann wird es zur Teekanne. Wasser kann ruhig fließen oder es kann zerstören. Sei Wasser, mein Freund." Wir sprechen von Flow, sofern unsere Aufgaben leicht von der Hand gehen.

Ausgerechnet wenn wir es am dringendsten brauchen, gelingt es uns nicht. Wieso? Weil es dann am schwersten ist loszulassen. Ein Ball, den du festhältst, fliegt beim Jonglieren nicht. Es klingt widersprüchlich, das Leben selbst in die Hand zu nehmen und gleichzeitig loszulassen, damit es fließt. Wie ist das gemeint? Bleiben wir beim Bild des Jongleurs. Er öffnet nicht nur die Hand und wartet, dass der Ball von alleine losfliegt. Er gibt ihm einen kleinen Schubs in die Richtung, in der er landen soll. Doch für einen Augenblick unterliegt dieser Ball nicht mehr seiner Kontrolle. Erst wieder, wenn er ihn aufgefangen hat. Werfen, loslassen, fangen. Säen, wachsen lassen, ernten.

Erinnern wir uns an den Musiker. Ich schrieb: Ein Ton, der gespielt wurde, ist nicht mehr zurückzunehmen oder ungeschehen zu machen. Diesen Ton zu bereuen bringt nichts. In dieser Reue hängen zu bleiben, verschönert die Musik nicht. Spiele einen anderen Ton. Der Jongleur lernt durch etliche Fehlversuche, wie der Ball am besten fliegt und gezielt landet. Aber genau diese Experimentierlust ist uns verloren gegangen. Wir haben Angst vor Fehlern. Sie sind peinlich und werden mit Versagen gleichgesetzt. Es heißt zwar, es sei noch kein Meister vom Himmel gefallen, aber in Wahrheit erwarten wir oft genau das von uns. Mich beeindruckt und inspiriert immer wieder die Denkweise der Stoiker. Sie unterscheiden für sich, was in ihrer Macht und somit im eigenen Einflussbereich liegt und was nicht. Ein Jongleur, der einen Ball noch in der Luft in die richtige Richtung drängen will, ist wie ein Musiker, der versucht, einen falschen Ton in sein Instrument zurückzustopfen. Wie lernen unsere Kinder? Nicht unbedingt dadurch, dass wir ständig eingreifen und sie korrigieren oder ihre Aufgabe für sie bewältigen. Versuch und Irrtum. Das ist eine innere Einstellung des Loslassens. Sie hat mit Experimentierfreude zu tun und dem Wunsch, zu lernen und Erfahrungen zu sammeln.

Die Klänge Seele und Verstand oder die Bälle des Jongleurs fliegen erst gar nicht los, weil der Kontrolleur nicht loslässt. Ideen bleiben im Kopf. Emotionen werden geschluckt. Bedürfnisse werden verdrängt.

Mit Druck kommen wir ebenfalls nicht weiter. Wirft jemand einen Ball nach rechts, nützt es wenig, den Ball anzuschreien, dass er gefälligst in die andere Richtung fliegen soll. Es scheint ein lächerliches Beispiel zu sein, weil sich niemand von uns so merkwürdig verhalten würde, oder? Doch! Ich finde es wichtig, das zu verinnerlichen. Neue Ergebnisse erzielen wir nicht dadurch, dass wir sie erwarten oder aussitzen, sondern weil wir anders handeln. Dem fliegenden Ball Befehle zu erteilen, hilft nicht.

Einen ähnlichen Effekt sieht man beim Thema Affirmationen. Entsprechen sie uns, dienen sie als Beschleuniger der eigenen Energie. Stehen sie im Widerspruch, erzeugen sie das Gegenteil. Flow oder Bremse? Passen wir die Handlungen dem gewünschten Ziel an.

Wie schaut es aus mit der Seele - visualisieren und träumen wir aus unserem tiefsten Selbst, mit all den Möglichkeiten, oder fokussieren wir uns nur auf negative Erfahrungen? Lassen wir uns klein halten von den kleinen Gedanken anderer? Ein Musiker, der sich nur traut drei Akkorde zu spielen, wird einige Lieder begleiten können. Aber viele andere Songs eben nicht. Die einfachsten Lebensregeln sind in der Umsetzung oft die schwierigsten. Wirfst du den Ball nach rechts, fliegt er nicht nach links. Simpel. Versteckst du dich zu Hause, wirst du keine

Menschen kennenlernen. Doch statt aktiv zu werden, wird lieber gewünscht. Gibst du mehr Geld aus, als du hast, bist du bald verschuldet. Doch die vielen Rechnungen tragen die Schuld an der Misere. Nörgelst du ständig an deinem Partner, deiner Partnerin herum, verlässt er oder sie dich womöglich. Zu Unrecht handelt dann die Person, die das Weite sucht, weil sie dich im Stich lässt. Lassen wir uns nicht täuschen, auch hier folgt die Energie der Aufmerksamkeit. Wir werfen den Ball nach rechts und da fliegt er hin. Keine Affirmation und kein Wunsch wird etwas daran ändern.

Als ich in jungen Jahren meinen Motorradführerschein machte, brachte mir der Fahrlehrer bei, am Hindernis vorbeizuschauen. Wer sich auf es konzentriert, steuert geradewegs darauf zu. Er sagte, in der Wüste steht ein einziger Baum, starre den an und du bretterst direkt dagegen. Egal wie viel Platz drumherum ist. Sind die Menschen zu doof? Nein, vielmehr von der Angst gesteuert. Loslassen. In diesem Fall: Lenke die Augen von dem Baum weg und fokussiere dich auf den freien Raum.

ZELLEN UND GEDANKEN

Vor einigen Jahren las ich, dass sich die Zellen in unserem Körper regelmäßig regenerieren. Früher wurde noch behauptet alle sieben Jahre. Lassen wir das mal so stehen. Es stellt sich die Frage, wieso wir Krankheiten über dieses Zeitfenster hinaus mit uns herumschleppen. Frische gesunde Zellen bedeuten doch frische, gesunde Zellen oder nicht? Natürlich ist das nicht so simpel, denn sie regenerieren sich nicht alle gleichzeitig. Deshalb werden die neuen und gesunden Zellen von den kranken angesteckt. Das erzähle ich, um zu verdeutlichen, dass es sich mit unseren Gedanken ähnlich verhält. Erstens ist es unmöglich, sie alle auf einmal auszutauschen. Zweitens stecken die noch vorhandenen, „kranken" Gedanken die positiven an, mit Zweifeln, schlechten Erinnerungen und Erfahrungen, destruktiven Gewohnheiten und negativen Emotionen. Wir lernen und verändern uns Schritt für Schritt. Solange wir laufen, ist es in Ordnung. Doch zu oft bleiben wir stehen oder lassen uns wieder zurückreißen. Die Geister der Vergangenheit scheinen uns fest im Griff zu haben. Angenommen, in uns wächst eine neue Vision. Statt aus dem zukünftigen Ergebnis heraus zu beobachten und zu handeln, lassen wir uns von der Vergangenheit dirigieren – Ansichten, Meinungen und Ängsten. Das bedeutet jedoch, wir machen eine kranke Zelle zur Blaupause für eine neue, frische Zelle. Die Vision wird jetzt schon mit negativen Gedanken gefüttert. Erfahrungen sind wichtig, ohne Frage. Sie erleichtern das Leben. Doch nicht, wenn sie uns hindern.

Wagen wir hier einen Sprung zu Techniken wie Affirmation, Meditation oder Visualisierung. Ja, sie sind sinnvoll. Bedeutet es doch erst einmal, sich im Geist auf Erfahrungen und Emotionen einzulassen, die uns noch fremd sind. Wir erschaffen in uns einen Raum und denken in neuen Möglichkeiten. Die Vision hat Platz zu wachsen. Das ist der Vorteil von uns als kreative und schöpferische Wesen.

In meinen Coachingausbildungen habe ich natürlich auch Werkzeuge gelernt, die dabei unterstützen, Ziele zu definieren, Werte zu ermitteln oder eigene Bedürfnisse herauszufinden. Bei all den Tools gab es immer etwas, das mich störte, ohne es greifbar machen zu können. Eine Pro-und-Kontra-Liste zum Beispiel. Ja, sie hat ihren Sinn. Sie versperrt jedoch die Sicht, wenn sie nur mit der Brille der Vergangenheit gelesen wird. Wie würde das zukünftige Ich diese Liste schreiben? Beim Nachdenken über die Regenerationsfähigkeit der Zellen machte es Klick. Ein kranker Baustein soll als Blaupause für einen frischen Stein dienen? Nein, der neue Mensch, der wir in Zukunft sein wollen – oder die andere Rolle, die wir zu meistern gedenken – sollte mehr „Mitspracherecht" bekommen bei den gegenwärtigen Entscheidungen. Neue Schläuche, neuer Wein.

Wenn die Behauptung stimmt, denkt der Mensch täglich circa sechzigtausend Gedanken. Das sind an zwei Tagen einhundertzwanzigtausend und an drei einhundertachtzigtausend. Klingt aufregend viel, oder? Die Wahrheit ist bescheidener – es sind immer die Gedanken vom Vortag und von dem Tag davor. Sie festigen sich mit jedem Tag aufs Neue. Logisch, dass sie unmöglich bewusst sein können. Wichtiger ist die Frage: „Wie vermag ein neuer, anderer Gedanke dagegen ankommen?" Ich sehe nur einen Weg. Loslassen und aus dem Ergebnis, dem Ziel heraus denken. Immer wieder. Beschäftige dich nicht mit dem, was hinter dir liegt. Du stopfst keinen falschen Ton ins Instrument zurück. Bleib im Raum der Möglichkeiten und lass wachsen, was du in Zukunft ernten willst. Kramen wir erneut das Bild von Sisyphos hervor. Aus der Perspektive des Steinschleppers, der er war, wird er sich kaum als Gärtner sehen, der Orchideen züchtet. Wenn er allerdings mit den Augen des zukünftigen Orchideenzüchters auf seine Gegenwart blickt, lichtet sich der Nebel.

Womöglich fragst du dich, wie du das alte Leben hinter dir lässt. Indem du dir neue Geschichten erzählst. In die Zukunft hineindenken ist so etwas wie eine prophetische Schau. Es heißt nicht hellsehen, was zukünftig passiert, sondern hineindenken, was passieren soll. Träumereien sind bedeutungslose Bilder im Kopf. Träume und Visionen hingegen haben Potenzial, sich zu verwirklichen.

In der Realität denken wir immer gleich, betrachten jedes Problem und neue Ideen mit der Brille der Vergangenheit. Wir geben diese sogar gerne an die nächste Generation weiter. Viele Eltern sind furchtbar stolz, wenn ihre Kinder in deren Fußstapfen treten. Wie wäre es mit eigenen Spuren? Eine kranke Zelle als Blaupause für eine andere kranke Zelle? Klar passt das Bild nicht immer. Aber verstehe bitte den Gedanken dahinter: Lehren wir die Kinder, dass sie alle Kraft und schöpferischen Möglichkeiten haben, sich ihre eigenen Visionen zu erschaffen. Wenn sie sich – aus sich selbst heraus – für unseren oder einen ähnlichen Weg entscheiden, okay. Doch wie oft tragen wir Probleme, Erwartungen und Konflikte stupide von einer zur nächsten Generation?

Mit Ausreden wie „Das war schon bei meinen Eltern so" oder „Das liegt in der Familie" wird umgekehrt eigener Misserfolg gerechtfertigt. Das sind Einstellungen, die sich durch permanente Wiederholungen gefestigt haben. Ein neuer Gedanke wie „Ich kann ein völlig anderes Leben leben als meine Eltern oder die vorherigen Generationen" steht dann recht alleine da. Das löst in uns einen inneren Krieg aus. Wir nennen ihn lieber Konflikt, das klingt nicht so heftig. Aber wenn kranke Zellen die gesunden Lebensbausteine angreifen und vernichten, ist das ein Krieg. Zerstören die destruktiven und negativen Gedanken in uns neue Träume, Ideen und Visionen, führen wir eine Schlacht gegen uns selbst. Wir posaunen, dass uns das Leben oder eine vermeintlich höhere Macht in die Knie zwingt. Wir wähnen uns fremdgesteuert. In Wahrheit agieren wir wie der verlängerte Arm unserer Gedanken und sind seine hörigen Krieger. Das ändert sich umgehend, wenn wir die Perspektive wechseln und aus dem Ergebnis heraus denken und handeln. Ja, wir rutschen immer wieder in alte Muster zurück. Dann hilft nur eines: Bewusst machen und neu starten, bis es sitzt.

SIE SCHWIMMT, DIE ALTE PERSONA

Probleme haben deshalb so eine Wirkung auf uns, weil wir sie ebenfalls mit dem Auge der Vergangenheit betrachten. Das bedeutet mit dem Blick, mit dem wir sie erschaffen haben. Ein Problem, das wir angeblich jetzt haben, ist das Ergebnis von vorherigen Handlungen. Dennoch müssen wir vorsichtig sein mit einem Urteil über uns. Nicht alle Entscheidungen, die wir getroffen haben, waren verkehrt. Es kann nur sein, dass sich das Leben und seine Umstände geändert haben und diese Entscheidungen nicht mehr passen. Das Problem ist in dem Fall nicht der zurückliegende Entschluss, sondern daran festzuhalten. Das Brot, das wir seit gestern in den Händen halten, kann heute schimmelig sein. Loslassen ist das einzig Richtige.

Ein Visionär hat die Fähigkeit, sich zu lösen und in die Zukunft hinein anzupassen. Er lebt gedanklich und innerlich dort, wo er sein möchte. Er behandelt sich selbst, sein Leben und die anderen Menschen, als sei seine Vision jetzt schon Wirklichkeit. Das ist nicht realitätsfremd, sondern eine Gabe. Energie folgt der Aufmerksamkeit. Es wird sich bewahrheiten. In einer Welt völlig ohne Autos Leute zu sehen, die mit ihrem Fahrzeug von A nach B fahren, ist schon eine immense Leistung. Aber keine unmögliche. Wieso sollten deine Visionen, Träume und Bedürfnisse undenkbar sein?

Es werden Zweifel auftauchen. Sie sind nichts weiter als der Versuch deiner vergangenen Persona weiterzuleben. Der alte Mensch in dir kämpft ums Überleben. Ist dir das bewusst? Die Persona erschlägt oder zerschlägt deine neuen Visionen und Träume lieber, als zu sterben. Die Menschen sind verwachsen mit ihrem Leben, definieren sich darüber, haben sich damit arrangiert und werden auch von anderen entsprechend gesehen, gewürdigt oder bemitleidet. Es bricht ein innerer Krieg aus. Die gesunden Zellen vernichten die kranken. Fatal ist nicht dieser Konflikt, sondern die Tatsache, dass er unnötig ist. Statt loszulassen, gehen wir auf dieses Spiel ein. Immer wieder. Bis die Vision tot ist. Zweifel, „Ja, aber"-Gedanken, lächerlich machen, zerdenken. Die Waffen der alten Persona, die nicht in der Lage ist, die Zukunft zu erkennen.

Gleichzeitig wächst eine neue Persona in dir, die diese Vision erkennt. Sie ist ein Persönlichkeitsanteil von dir. Du brauchst keinen Emulgator, um sie zu integrieren. Es ist wie bei den Zellen in unserem Körper. Du bist diese Zelle und sie ist du. Affirmationen, Meditationen oder Visualisierungen konzentrieren sich auf diesen Teil in dir, damit dieser wachsen kann. Kein Hokuspokus. Kein esoterischer Schnickschnack. Nur Fokus. Energie folgt der Aufmerksamkeit. Hier wird deutlich, warum Meditation schwierig sein kann. Wenn wir, wie in einer Dauerschleife, sechzigtausend Gedanken durchlaufen, ist es anfangs schwer, sich auf neue zu einzulassen. Womöglich lassen wir uns ablenken und driften in die herkömmlichen Muster ab. Die alte Denke wird kommen. Das ist absolut sicher. Nur ist es sinnlos, sich deshalb zu verurteilen und wieder in einen Krieg gegen sich selbst zu ziehen. Es reicht festzustellen: „Aha, das sind die gewohnten Denkabläufe - okay, ich norde mich trotzdem auf die neuen ein." Bei den Emotionen ist es nicht anders. Auch hier gilt, sich zu sagen: „Ja, ich weiß, dass ich bis jetzt so empfunden habe, dennoch entscheide ich, mich nicht von Gefühlen steuern zu lassen." Alles ist Übung, Versuch und Irrtum. Es ist nicht immer leicht, bei negativen Empfindungen ein positives Bild aufrechtzuerhalten. Das macht aber nichts. Raus aus der Situation und später neu ansetzen. Was für die alten Muster gilt, stimmt ebenso für die neuen - die Wiederholung macht's. Es wird von Tag zu Tag besser. So, wie ein Schauspieler eine Rolle einstudiert und übt, finden wir uns allmählich in eine bis jetzt unbekannte Persona ein.

Im systemischen Coaching wird ausprobiert in die neue Zukunft hineinzudenken. Eine Frage könnte lauten: „Was wird in deinem Leben besser, wenn du dieses Problem nicht mehr hast?" Eine typische, emotionsgeladene Reaktion ist oft: „Das weiß ich doch nicht. Woher soll ich das wissen?" Wir Menschen können bei solch einer Frage echt sauer werden. Trotz oder Wut steigen in uns hoch. Das ist nicht tragisch. Es zeigt nur den Schmerz in uns, weil wir im Problem gefangen sind. Die Vorstellung, dass das Leben in Zukunft anders sein kann, fühlt sich befremdlich an. Dennoch verfehlt dieser Gedankenanstoß seine Wirkung nie. Er ist wie ein Same, der eingepflanzt wurde. Unbeantwortete Fragen kann unser Gehirn nicht ausstehen. Es wird Stück für Stück nach Antworten suchen und liefern. Probiere es selbst aus: „Was wird anders oder besser, wenn du dein Problem gelöst hast?" Lass dich von Gefühlen wie Wut, Trotz, Unbehagen etc. nicht beirren.

DIE UNGLEICHE WAAGE

Um den Prozess von Veränderungen oder Visionen zu verstehen, nehme ich einen weiteren Gedanken hinzu. Er trifft nicht auf jeden zu, aber sicher auf einen großen Teil. Stell dir vor, im Laufe eines Tages erhält jemand einige Komplimente. Das hebt die Stimmung, man fühlt sich geschmeichelt und vor allem wertgeschätzt. Komplimente sind Streicheleinheiten für Seele und Selbstwert. Doch am Ende des Tages haut jemand eine echt fiese Beleidigung heraus. Was geschieht? Wie ein Kartenhaus stürzen die vielen wunderbaren Emotionen und Gedanken zusammen. Eben noch wollte man die Welt umarmen, und jetzt? Diese ganze Welt reduziert sich mit einem Mal auf das eine schäbige Gefühl in Bauch und Herz. Der Tag ist gelaufen.

Ein anderer Tag, eine andere Person. Sie hört stundenlang Beleidigungen und Vorwürfe. Vieles von dem wandert an ihrem Ohr vorbei, weil sie bereits abgestumpft ist. Am Ende des Tages macht ihr jemand ein Kompliment – ein aufrichtiges. Was ändert sich dadurch? Nichts. Die netten Worte verhallen. Sie gehen unter in den tauben Emotionen.

Wie ist es möglich, dass eine Beleidigung einen wundervollen Tag ruinieren, aber ein Kompliment ihn nicht zu retten vermag? Fokus! Wieder einmal gilt: Unsere Energie folgt der Aufmerksamkeit. Nur, warum legen wir den Blick eher auf negative Dinge? Stell dir vor, du wirst von jemandem gestreichelt und plötzlich sticht er mit einem Messer zu. Das schmerzt. Das erschüttert und macht fassungslos. Es trifft uns unerwartet. Das Phänomen dahinter ist sehr simpel – nur durch eine geöffnete Tür kann etwas hindurchgehen. Wer seine Türen verschließt und hart bleibt wie eine Mauer, bei dem wird so ziemlich alles abprallen. Ein Mensch, der den ganzen Tag Schmerzen durchlebt, wird sich von einem Pflaster kaum trösten lassen. Doch wer sich öffnet, macht sich verletzlich. Je weiter das Herz, desto größer die Angriffsfläche.

Schlagen wir den Bogen zu unseren Träumen und Visionen. Je wertvoller diese für uns sind, desto offenherziger sind wir. Das erst verleiht ja den Träumen Größe und Seele. Sonst wären es bloße Gedanken, die uns durch den Kopf schießen, oder Fantastereien. Träume erwachen zum Leben, wenn wir sie mit dem Herzen nähren. Das macht angreifbar. Wir geben einen Teil von uns hinein. Da sich die Visionen in der Realität manifestieren sollen, also nach außen sichtbar werden, senden wir etwas von unserer Seele in diese Welt. Und „da draußen" steht sie nicht mehr unter unserem Schutz. Sie ist angreifbarer, ein Stück weit ausgeliefert. Deshalb verschließen viele Menschen ihre Bedürfnisse und Visionen lieber. Sie wollen sich nicht verletzlich machen. Ihre Träume bleiben Träumereien, in die sie sich verkriechen.

Manche wagen den Schritt, ihre Ideen zum Leben zu erwecken. Doch schnell merken sie, dass sie mit Angriffen nicht umzugehen wissen, und ziehen sich wieder zurück. Andere zerstören ihre Träume selbst. Die alte Persona in ihnen führt Krieg, um alles so zu belassen, wie sie es gewohnt ist. Überlebensinstinkt. Es ist, als wolle sie sagen: „Ja, ich bin sehr unglücklich mit meinem Leben, aber hier kenne ich mich nun mal bestens aus. Also, alles bleibt, wie es ist. Wage nicht, etwas zu verändern. Nur über meine Leiche." Wie recht sie damit hat ...

„Wir sind, was wir denken", sagte schon Buddha. Es betrifft uns als ganze Person - Gedanken, Emotionen, Handlungen. Es wirkt sich sogar auf unsere Zellen aus. Ein umfassendes, ganzheitliches System. Daher nehmen wir dankend an, was wir kennen. Denn sobald etwas anders ist, wird es unruhig im inneren System. Es ist stressig. Alles in uns beschäftigt sich in diesem Moment nur mit einer Aufgabe: Ruhe reinbringen. Das innere System strebt nach Harmonie und Ruhe. Das ist erst einmal nicht verkehrt. Denn ein Haus, das mit sich selbst uneins ist, kann nicht bestehen. Für notwendige Veränderungen, Träume und Visionen ist es eher semioptimal. Es heißt nämlich, dass unser inneres System eine Vision als Stress empfindet. Es gibt ein Aber. Positive Energie erzeugt Eustress. Eine neue, hoffnungsvolle Partnerschaft zum Beispiel. Da sind wir wach und voller Tatendrang. Negative Energie löst Distress aus, wie Krisen. Woher kommt die Energie? Von uns selbst. Wir reagieren innerlich auf Situationen im Außen und nehmen es als gut oder schlecht wahr. Reagieren heißt nichts anderes als Aufmerksamkeit auf etwas legen. Die Energie folgt. Sie entscheidet das nicht selbst. Die potenziellen neuen Partner können auch argwöhnisch betrachtet und behandelt werden von uns. Wir müssen uns bewusst werden, dass wir das Energiezentrum unseres Lebens sind. Wir senden Flammen, die entzünden oder verbrennen. Vielleicht sucht sich eine spannende Vision einen Weg zu uns. Trifft sie in uns auf Resonanz, wird ein Feuer der Begeisterung entfacht. Falls nicht, ignorieren wir sie schlicht oder verwandeln sie in Schutt und Asche. Dann gibt es Visionen, die auf uns treffen, weil das Feuer latent in uns vorhanden ist, eine Glut. Zuvor ist ein Wandlungsprozess notwendig, um stärkere Resonanz zu erzeugen, diese Glut anzutreiben. Jetzt wird sich bewahrheiten müssen, ob der alte oder neue Mensch in uns siegt. Worauf fokussieren wir uns?

Zurück zum Kompliment. Konzentriere dich auf die vielen positiven, nicht auf das eine schlechte. In dem anderen Fall - lege deine ganze Aufmerksamkeit auf die eine, wertschätzende Äußerung, nicht auf die vielen negativen. Ja, Zweiteres ist ungleich schwerer. Aber nicht unmöglich. Der Anteil in uns, auf den wir uns fokussieren, wächst und wird zum Magneten. Hier gilt es, die Unruhe der Krise auszuhalten und nicht stecken zu bleiben in Nichtwahrhabenwollen, Resignation und Wut.

Du siehst hier, warum es nicht ausreicht, sich ein anderes Leben bloß vorzustellen. Meditation ist wichtig. Deine Persönlichkeit muss mitziehen, auf allen Ebenen. Sei jetzt bereits, wer du morgen sein willst. Denke, rede und handle so. Glaube an dich, dein neues Leben, deine Visionen. Beginne damit, dir Beleidigungen nicht mehr gefallen zu lassen. Bringe anderen Menschen Wertschätzung entgegen. Denn Glaube, ohne Werke ist tot. Ohne Handlung bleiben Gedanken wirkungslos und Träume nur Luftschlösser. Das meint es, über sich hinauszuwachsen. Der Mensch muss in dem Moment größer sein, als er ist bzw. als er empfindet. Gib dich, als hättest du dein neues Leben bereits erreicht. Jetzt schon! Träumen. Handeln. Loslassen. Ein schöpferischer Dreiklang.

Es gibt dennoch keinen Grund, leichtfertig zu sein. Um nicht Opfer der ungleichen Waage zu werden, ist es wichtig, deine Träume und Visionen zu beschützen. Einerseits verpflichtet sich, wer über seine Pläne erzählt. Das ist gut, weil wir dann verbindlich werden. Andererseits wäre es naiv, die Augen vor der Welt zu verschließen. Daher ist zu überlegen, wem wir unser Herz öffnen. Neider, Pessimisten und Miesmacher sind eher die schlechtere Adresse. Menschen, die lieber in dem Leben ausharren, in dem ihr jetzt womöglich gemeinsam steckt, ebenso. Es macht immer Sinn, sich Leuten zu öffnen, die dort sind, wo du hinwillst.

FALLEN LASSEN, NICHT GEHEN LASSEN

Träumen. Handeln. Loslassen. Wie schon festgestellt, ein wichtiger Dreiklang. Loslassen bedeutet, sich vertrauensvoll auf den Prozess einzulassen. Sich ein Stück fallen zu lassen. Aber es gibt einen großen Unterschied zwischen sich fallen lassen und sich gehen lassen. Ersteres ist eine Frage des Vertrauens - ins Leben, in sich selbst und in andere. Es erfordert die Bereitschaft, Kontrolle abzugeben. Wer sich gehen lässt, hat aufgegeben oder ist schlicht faul, lustlos und ohne Ziele. Es gibt Menschen, die Situationen gerne aussitzen und behaupten, sie vertrauen dem Leben. Sie sind entscheidungsfaul und übernehmen keine Verantwortung. Manchmal habe ich ein wenig den Verdacht, dass Bücher zum Thema Wünschen dieser Mentalität in die Hände spielen. Oft klingen die Inhalte nach. Bleib mal sitzen, den Rest macht das Universum für dich. Es verdienen vor allem jene Heilsversprecher, die suggerieren, Veränderung tue nicht weh und sei nicht anstrengend. „Ohne Mühe" hört sich nun mal verlockend an. Trotzdem ist auch das andere Extrem, der überaus dornige Weg, übertrieben. Wahrscheinlich liegt die Wahrheit irgendwo in der Mitte. Jeder von uns steht in der Verantwortung, sich einzupendeln und Stellung zu beziehen. Das kann kein anderer für uns übernehmen.

Wir dürfen dabei getrost annehmen, dass das, was einem angeblich entspricht, nicht immer unbedingt wahr ist. Oft werden wir von dem, was wir gelernt haben, gesteuert. Mehr erst einmal nicht. Wie viele Menschen haben verinnerlicht, sie seien wertlos und ihnen stünde nichts zu. Wahrheit? Natürlich nicht, aber es fällt nicht leicht, eine andere anzunehmen. Jeder trägt in sich einen Nährboden. Auf diesen fallen unsere eigenen Gedanken und das, was andere sagen. Ein wertschätzendes Kompliment wäre wie Unkraut in manchen Gärten. Es würde der Lüge überführt – ein Versuch, sich einzuschmeicheln, um Menschen besser übers Ohr hauen zu können. Eine vielversprechende Idee mutiert zu einem Hirngespinst. Die Sehnsucht zu einem Ort, nach einer Person oder einer Berufung, wird abgestoßen. Unter dem verletzenden, aber vertrauten Gewächs ist kein Platz dafür. Was wir für die vermeintliche Wahrheit halten, erzählt nur über unseren Nährboden.

Eine Vision ist mehr als wünschen. Sie braucht einen fruchtbaren Boden. In uns. Sich gehen lassen ist da völlig fehl am Platz. Es ist ein ganzes Stück Arbeit, die eigene Seele zum Garten seiner Visionen zu gestalten. Affirmationen und Visualisierungen sind „nur" der Dünger für das, was auf unserem Nährboden gedeiht. Würde ich sagen, es liegt eine große Weisheit in dem Satz „Wenn du Kartoffeln ernten willst, dann säe Kartoffeln", nicken die einen, während andere lachen. Doch jene Spötter meinen oft, etwas einfahren zu dürfen, was sie nicht gesät haben. Sie säen und begreifen den Zusammenhang nicht. Ein verbitterter Nährboden lockt halt keine Traumpartner an. Da hilft auch aussitzen und wünschen nicht. Erinnerst du dich an den Bettler? Wenn er nur wünscht und aussitzt, wird sich sein Leben nicht ändern.

ERFOLGSWUT

Kennst du das, von dir oder von anderen, dass Menschen gereizt reagieren, wenn ihnen Positives geschieht? Sie haben zum Beispiel etwas geschafft, was sie vorher nicht schafften. Außenstehende zollen ihren Respekt, und die Reaktion: „Ja, ist ja gut, dreh nicht gleich durch." Oder man bewundert das Talent einer Person und sagt so etwas wie: „Das würde ich auch gerne so gut können wie du." Die Rückmeldung: „Na toll, der Mist bringt mir auch nix", oder „Auf den Arm nehmen kann ich mich alleine." Es geht noch heftiger: „Ja, ich habe begriffen, dass es Mist ist."

Na klar, es hat damit zu tun, sich selbst kleinzumachen. Du kennst sicher Erfolgsangst, oder? Sie hindert Menschen daran, etwas zu tun, was sie erfolgreich und siegreich sein lässt. Sie verharren lieber in der gewohnten Komfortzone, in der sie sich mit ihrer selbst auferlegten Unzulänglichkeit und angeblichen Unfähigkeit abfinden. Oft tarnen sie es als Bescheidenheit. Gerne setzen sie sich auch Ziele, die sie unmöglich erreichen können, um sich und der Welt genau das zu beweisen.

Erfolgswut kocht in Menschen, die sich erwischt fühlen, weil ihre Talente zum Vorschein kamen. Es wirkt, als bestrafen sie sich dafür, einen versteckten Teil von sich offenbart zu haben. Oder als hätten sie Verrat geübt an der erfolglosen Persönlichkeit, die sie nach außen darstellen. Ein Mensch, der nicht mit Anerkennung, Wertschätzung und Respekt umzugehen vermag, ist überzeugt, es nicht verdient zu haben. Und ausgerechnet jetzt wird seine Auffassung über sich selbst durcheinandergebracht. Es erscheint suspekt, aber die Person durchlebt in diesem Moment eine Krise. Da mögen wir mit dem Kopf schütteln, wie wir wollen. Die gewohnten Muster werden plötzlich durchbrochen. Der Versagensmotor, der bis eben wie eine gut geölte Maschine lief, wummst. Wut steigt hoch. Die Person will nicht, dass etwas anders ist. Die ungehaltene Reaktion ist der Versuch, wieder in den Flow zu kommen. Zurück ins gewohnte Muster. Das ist ein Grund, weshalb Menschen in destruktiven Beziehungen verharren oder zurückkehren – und lieber in der Versenkung von Nichtbeachtung und Mittelmaß verschwinden. Es erklärt, warum sie weiterhin im Fluss der Respektlosigkeit und Geringschätzung schwimmen, weil ihnen eben das so vertraut ist. Achte einmal darauf, wie viele Menschen mit Erfolgswut reagieren – auf ein Kompliment oder auf Worte der Anerkennung und Wertschätzung. Sag in diesem Moment ruhig mal, es gibt keinen Grund, dass du dich so demütigen lässt, du hast ein besseres Leben verdient. Aber halte lieber Abstand, bevor dir etwas um die Ohren fliegt.

Womöglich ertappst du dich selbst in der Erfolgswut oder du hast das Bedürfnis, jemanden, den du kennst, besser zu verstehen. Dann hilft es zu erkennen, dass sich dahinter ein Dreiklang verbirgt: Wut,

Angst, Trauer. Das sieht auf den ersten Blick nach Selbstzerstörung aus. Gehen wir von der Prämisse aus, dass jedem Verhalten eine positive Absicht zugrunde liegt, kommen wir zu anderen Ergebnissen. Was genau ist positiv? In erster Linie der Weg des geringsten Widerstandes und des besten Nutzens. Lass uns näher ran, um das zu verstehen. Salopp mögen wir festhalten, eine Person übersteht eine Krise oder nicht. Tut sie es nicht, ist sie in einer der Krisenstufen hängen geblieben. Vielleicht in der ersten Stufe, des Nicht-Wahr-Haben-Wollens? Das Leben zieht weiter und jeder versucht, sich bestmöglich zu arrangieren. Kein Mensch hält es aus, jeden Tag aufs Neue die Schmerzen zu ertragen. Irgendwann muss man sich ihnen stellen. Oder aber sie werden verleugnet. Der Prämisse folgend ist das für manche Menschen die beste Option. Sie reden sich die Situation schön oder ignorieren sie einfach. In positiver Absicht tut sich die Person einen Gefallen, weil sie Schmerz verhindert. In der Phase der Wut, der zweiten Stufe, ist es etwas komplexer. Angst, Wut und Trauer wechseln sich ab, geraten durcheinander und beeinflussen sich gegenseitig. Nehmen wir einen Menschen in einer destruktiven Beziehung. Er ist wütend auf sich selbst, weil er sich auf diesen Partner, diese Partnerin eingelassen hat und blind war für die Wahrheit. Er ist wütend auf sein Gegenüber, weil dieser eine Maskerade vorgeführt hat und jetzt sein wahres Gesicht zeigt. Er ist wütend auf die Menschen, die ihn gewarnt haben und auch noch recht hatten. Er hat Angst, das Leben

zu verpassen, keinen anderen Partner mehr „abzu-
bekommen". Es bereitet Angst, sich einzugestehen,
an den falschen geraten zu sein. Er ist traurig, da er
so geringschätzig behandelt wird und er sich das
Leben fröhlicher und bunter vorgestellt hat. Weil
all das nicht zu ertragen ist, verdrängt er lieber. Er
merkt aber, dass Wut eine ganz hervorragende Waffe ist, die er gegen andere richten kann – gegen jeden, der blöde Fragen stellt oder seine Verdrängung
aufdeckt. So paradox es klingt, je liebevoller Menschen dieser Person helfen wollen, desto schärfer
ist die Waffe. Mit ihr verteidigt sie die Mauern ihrer
Verleugnung.

Und nicht anders ergeht es einem Menschen, der
sich mit seiner vermeintlichen Unzulänglichkeit
und seiner erlernten Minderwertigkeit und Hilflosigkeit abgefunden hat. Da leuchtet ein Hinweis
in ihm oder im Außen auf, dass das Leben größer
und bunter sein könnte - dass er doch mehr drauf
hat, als er dachte? Waffe zücken. Erfolgswut. „Wagt
es nicht mir noch mal zu sagen, dass ich nett und
wertvoll bin und erfolgreich sein könnte", scheint
dieser Mensch zu toben. Welche Affirmationen, Visionen und Wünsch-dir-was-Floskeln werden hier
wohl gedeihen? Da ist vorerst Arbeit am Nährboden
erforderlich. Neue Samen brauchen fruchtbaren Boden, keine Disteln, keinen Steinboden. Ich kann so
gut darüber reden, weil ich diesen Nährboden vor
vielen, vielen Jahren auch in mir trug. Jeder von uns
trägt ein Stück dieses Bodens in sich. Verstehst du,

weshalb es wichtig ist, vom Ziel aus zu denken und nicht von der Vergangenheit her?

Erfolgswut ist ein Hinweis auf unseren Nährboden, unsere Seele. Sie verrät, was wir über uns verinnerlicht haben. Ob es den ganzen Garten betrifft oder nur einen Teil davon. Es lohnt, daran zu bearbeiten. Leider geht das nur über den verschlossenen und verleugneten Schmerz. Gerne würde ich dir etwas anderes sagen, aber das kann ich nicht. Dennoch: Achte darauf, dass du nicht im Gestrüpp der Vergangenheit hängen bleibst. Das führt nur dazu, dass dein Garten in einiger Zeit genauso aussieht wie heute. Kommst du allein damit nicht zurecht, nimm dir einen Lieblingsmenschen oder Profi als „Gärtner" zur Hilfe. Führe dir erneut vor Augen, dass ein fruchtbarer Boden weder negativ noch positiv ist. Er ist nur ein Boden. Er wird wertneutral das Gewächs hervorbringen, das du säst. Ich wiederhole es gern noch einmal: „Wer Kartoffeln ernten will, muss Kartoffeln säen."

ERSCHAFFER ODER SCHÖPFER?

Macher erschaffen etwas. Für die einen klingt die Aussage inspirierend, für andere wie ein Vorwurf und für wieder andere völlig nichtssagend. Um zu erschaffen, braucht man Schaffenskraft oder Schöpferkraft. Wobei ich hier differenziere. Denn zu erschaffen bedeutet, entstehen zu lassen, wo es zuvor nichts gab. Die Schöpferkraft hingegen schöpft aus etwas Vorhandenem. Nehmen wir für einen Moment an, dass es einen Gott gibt. Ist er Erschaffer oder Schöpfer? Die Begriffe werden gerne synonym verwendet. Wir sagen, Gott habe uns erschaffen und Gott ist unser Schöpfer. Ist das ein Unterschied? Wenn wir selbst Schöpfer unseres Lebens sind, aber nur aus dem schöpfen können, was vorhanden ist, wählen wir aus. Die Chance liegt im Erschaffen. Haben wir etwas Neues erschaffen, können wir daraus schöpfen. Warum ich mich bei diesem Gedanken aufhalte und so penibel darauf herumreite? Gegenfrage: Kannst du, bezogen auf deine Vision, aus vorhandenen Ressourcen schöpfen, um sie in die Wirklichkeit zu ziehen? Falls ja, tu es. Wenn nein, wirst du erst etwas erschaffen müssen.

Werfen wir einen kurzen Blick auf die Probleme im Leben. Da gibt es eine Parallele. Bringt es dich weiter, wenn du alle Probleme löst? Dann stelle dich ihnen. Falls sie dir nur Energie rauben und dein Leben nicht verbessern oder dich unnötig aufhalten, lass sie los. Manche Probleme zu lösen bringt rein gar nichts, es ist besser, sich von ihnen zu lösen. Vor allem, wenn es nicht einmal deine sind. Ebenso lohnt es, Wünsche und Besitz von uns unter die Lupe zu nehmen. Brauchen wir wirklich, was wir haben oder wollen? Erschaffen wir damit Möglichkeiten, aus denen wir schöpfen können? Wie ist es mit erlerntem Wissen und Fähigkeiten? Nützt es uns –

findet es Anwendung? Auch dieser Gedanke zeigt, wie erleichternd es sein kann, seine Betrachtungen vom Ziel her anzustellen. Wo werde ich sein, was brauche ich dafür, was mache ich damit? Es hilft uns aufzudecken, wo sich im Leben Dinge bloß zum Selbstzweck und um des Habens willen befinden. Manchmal entdecken wir auch „Wegwerfprodukte" – einmal benutzt, dann fliegen sie herum. Was übrigens nicht grundsätzlich verkehrt ist, solange sie einen Sinn erfüllt haben. Ja, dieser Sinn darf auch Spaß heißen.

Hast du alles erschaffen, um für deine Visionen und Ziele daraus schöpfen zu können?

MÜRBE VOR LAUTER ANGST

Wir leben in einer Leistungsgesellschaft. Obwohl es niemandem gefällt, macht doch jeder mit bei dem Spiel. Einzige Spielregel: Mache keine Fehler. Es gibt kaum einen Bereich, in den sich diese Denke nicht eingeschlichen hat. Es fällt mit der Zeit immer schwerer, Abstand zu nehmen und locker an eine Sache heranzugehen. Selbst kleine Aufgaben werden unnötig aufgebauscht und überbewertet. Empfehlungen und Hinweise setzen sich im Kopf als Verbote fest. Wer zum Beispiel eine positive Zukunft visualisiert, soll sich nicht von negativen Gedanken abbringen lassen. Das macht Sinn. Statt dies wie ein Experiment und eine Einladung zu betrachten, warten viele überängstlich, dass bloß keine bösen Gedanken auftauchen. Falls sie dann doch präsent sind, war alles vergebens. Natürlich tauchen sie auf. Allein deshalb, weil wir es angestrengt verhindern wollen.

Die Sorgen schleichen sich an, wachsen und lösen eine immer größer werdende Angst aus. Wenn wir „auf Teufel komm raus" Fehler vermeiden oder beängstigende Gedanken zu verdrängen versuchen – na, dann kommt er erst recht heraus, der eigene Teufel. Und das ist okay. Denn was vor uns steht, kann besiegt werden. Wer sich eingesteht, dass er in Angst lebt – vor Fehlern und davor zu versagen – nimmt dieser Angst bereits eine Menge Macht. Benennst du deinen Dämon beim Namen, muss er den diffusen Schatten verlassen und dir gegenübertreten. Er dir. Nicht umgekehrt.

Es wird schwer, mit Affirmationen zu arbeiten, die nicht der eigenen Überzeugung entsprechen. Sie wirken eher wie hilflos geschmissene Steine und offenbaren eine trotzige Haltung. Positives Denken bleibt nahezu wirkungslos. Schlicht deshalb, weil Aufmerksamkeit und Energie anderswo liegen. Auf den Ängsten. Wir ahnen oder wissen es sogar und verkrampfen noch mehr. Wenn es obendrein heißt, du musst die neue Zukunft, die du wünschst, innerlich leben, da sie sonst nicht eintreten wird, entsteht auch hier Leistungsdruck. Das erzeugt Gegendruck. In uns. Der Person Jesus wird die Aussage zugeschrieben, wir müssen so beten, als wäre das Gebet bereits eingetreten. Einen ähnlichen Weg beschreibt das „So tun als ob"-Spiel der Kinder. Ihnen gelingt es, zweifelsfrei in einer anderen Rolle aufzugehen. Die Gedanken sind inspirativ. Einzig unsere Denke, geboren aus Leistungsdruck, macht uns einen Strich durch die Rechnung. Sie formt aus spielerischen und lebendigen Wegen puren Zwang. Stell dir vor, jemand gibt Kindern eine Kiste Spielzeug und sagt: „Wehe, ihr macht das nicht richtig." Was denken und durchleben die kleinen Seelen in dem Moment? Genauso springen wir mit uns selbst um.

Tauchen die alten Gedanken, Muster oder die beängstigenden Sorgen auf, lass sie. Schau sie kurz an und sage dir, es gibt andere Möglichkeiten zu denken. Verdränge sie nicht. Stelle dir in dem Moment weitere wichtige Fragen:

- Hilft mir der Gedanke dabei, mein Ziel zu erreichen?

- Was beabsichtigt diese Angst, soll ich etwas tun oder lassen?

- Welchen Nutzen hatten diese Gedanken bis jetzt in meinem Leben?

Die Antworten helfen dir, deine Sorgen ernst zu nehmen, sie zu transformieren und ins Leben zu integrieren. Sie zu verdrängen funktioniert deshalb nicht, weil ein Persönlichkeitsanteil um das Mitspracherecht kämpft. Führen wir Krieg gegen uns selbst, verlieren wir. Die Fragen locken zum Beispiel den Beschützer in dir hervor, der dich vor Enttäuschungen bewahren will. Antworte ihm dankend, dass du gelernt hast, damit umzugehen. Diese Einstellung pflügt deinen Nährboden ordentlich durch und bereitet ihn für Neues vor.

Manche Ängste laden emotional so stark auf, dass es uns nicht mehr gelingt hinzusehen. Lass bitte eine Behauptung auf dich wirken: „Du hast diese Angst deshalb, weil du sie bezwingen kannst. Sie ist dein Thema, damit ein latent vorhandener Persönlichkeitsanteil in dir endlich geboren wird." Lass dich nicht mürbe machen. Hänge dich nicht verzweifelt an Affirmationen oder Gebete, die deine eigene Handlungsfähigkeit außen vor lassen. Selbst wenn du an einen Gott glauben magst, der hilfsbereit und dir wohlgesonnen ist, bleibt das Leben doch zumindest interaktiv.

SEI DYNAMISCH UND KONZENTRIERT

Wer die meisten Möglichkeiten sieht, kann schneller und souveräner handeln. Ängste hingegen sind wie Scheuklappen. Sie führen oft zu Aktionismus oder Starre. Solange wir unseren inneren Nährboden beackern, lichtet es sich allmählich und wir sehen mehr und weiter. Das vergrößert den Handlungsspielraum. Vergessen wir nicht, dass die Gegenwart die Schnittstelle zwischen Vergangenheit und Zukunft ist und die einzige Zeit, in der wir handlungsfähig sind. Nach vorne denken, im Jetzt handeln. Je besser es uns gelingt, vom Ziel her zu visualisieren, desto konkreter wird, was wir tun. Aber auch was loszulassen ist, wird deutlicher. Womöglich stellen wir fest, dass einige unserer Handlungen nicht zielführend sind. Das ist nicht tragisch. Wer flexibel ist, probiert eben etwas anders aus. Deshalb ist es wichtig, sich unverkrampft auf den Schöpfungsprozess einzulassen. Sorgen und Zweifel stellen uns infrage. Das ist nicht verkehrt, solange wir sie als Denkanstoß nutzen. Sie sind eine Instanz, die uns auf etwas hinweist. Es entsteht genau der Nährboden, den wir brauchen, um das zu ernten, was wir jetzt schon vor uns sehen.

Was, wenn die Ideen ausgehen – wir ein Ziel anvisieren, aber absolut keinen Weg sehen? Gerade hier ist die Gefahr groß zu resignieren. Bevor jemand in die Handlungsstarre abrutscht, ist es besser, andere um Hilfe zu bitten. Denn auch hier kann uns das Leistungsdenken ein Beinchen stellen und uns überzeugen, wir müssten da alleine durch. Manche treibt es sogar in die Versager-Sackgasse, in der es eine Schande ist, andere um Rat zu fragen.

Um das Autofahren zu lernen, ist es normal, eine Fahrschule zu besuchen. Einen Beruf erwerben wir in einer Ausbildungsstätte. In Fragen von Partnerschaft, Kindererziehung, Umgang mit Geld, Immobilien oder einer Selbstständigkeit sieht es dann schon anders aus. Wer hier strauchelt, erhält schnell den Versager-Stempel, meistens von sich selbst. Noch dramatischer wird es, wenn wir an den Grenzen unserer Belastbarkeit angekommen sind, Emotionen nicht verarbeiten können, von Verlustängsten erdrückt werden oder sorgenvoll in die Zukunft schauen. Bloß nichts anmerken lassen. Contenance wahren.

Das Leistungsdenken verschont selbst jene nicht, die sich einüben in meditativen, spirituellen und geistigen Wegen. Wer leidet, hat sein Leid angezogen – wer krank ist, hat schlechtes Karma angehäuft, und wem das Leben immer wieder aus den Händen gleitet, ist eben zu blöd, richtig zu wünschen. War das Gesetz der Resonanz gerade noch Inspiration, ist es jetzt ein Todesurteil. Am Ende bleibt auch hier eine elitäre Gemeinschaft übrig, die erhaben und erleuchtet ist. Doch wer nie ein schweres Päckchen zu tragen hatte, nie von Krankheit geplagt war und nie kämpfen musste, um vom einen in den anderen Tag hinüberzukommen, zeigt sehr leicht mit seinem Finger auf andere. Contenance wahren. Klar, denn wer will schon gerne auf der spitzen Seite des Zeigefingers stehen. Aber es kommt doch darauf an, wen wir um Hilfe bitten. Deshalb ist es wichtig, genau hinzusehen. In den meisten Fällen sind es die Gespenster in unserem Kopf, die uns fertigmachen. Die hauseigenen Dämonen, die sich hartnäckig festbeißen. Allzuschnell projizieren wir diese auf

Menschen im Umfeld oder Blickfeld. Die Handvoll Leute, die tatsächlich dumm daherreden, subtrahieren sich doch meistens von selbst. Es sei denn, wir buhlen ausgerechnet um ihre Anerkennung und ihr Wohlwollen. Na gut, das ist dann unsere eigene Schuld.

Dynamisch sein meint lebhaft, energiegeladen und schwungvoll sein – voller innerer Kraft. Den Blick in die Zukunft gerichtet. Es stimmt schon - das, was wir vor unserem geistigen Auge sehen, bahnt sich einen Weg in die Realität. Aber eben nie mit Druck.

Das Tal der Krise offenbart - wenn wir nur hinsehen – alles, wovor wir bis jetzt die Augen verschlossen haben. Es ist nicht immer angenehm, was wir sehen. Das zur Vergebung unfähige Leistungsdenken macht daraus aber erst einen Albtraum. Was wird passieren, wenn du dich selbst mit den Augen der Gnade ansiehst? Dann bekommen „Fehler" wieder den Platz zugewiesen, auf den sie gehören, zu den Feedback-Werkzeugen.

Wusstest du, dass die Buchstaben des Wortes Fehler neu gemischt Helfer ergeben? Erinnern wir uns daran, wenn wir selbst, unsere Freunde oder Kinder das nächste Mal etwas „falsch" machen.

GEISTIGE DIÄT

Ob spirituelles Fastfood oder XXL-Versprechen für ein besseres Leben - was wir in die Finger bekommen, stopfen wir in uns hinein. Die Sorge vor der eigenen Bedeutungslosigkeit, davor krank und alt zu werden, schlicht die verdrängte Angst vor dem Tod, macht uns zu Allesfressern. Wir verschlingen Aktionen, Ideen, neue und alte Wahrheiten, die modernsten Ernährungsformen, Sport- und Bewegungshypes und hoffen, damit zu mehr Leichtigkeit zu finden. Die schwere Kost, die wir uns tagtäglich angstgetrieben reinschlingen, ist leider kein Knäckebrot. Niemand wird leichter mit Ballast. Dabei fragen wir uns nicht, was uns guttut, sondern: Was passt noch in uns hinein? Zur Not wird runtergewürgt. Hängen wir dann endlich – völlig überfressen - in der Krise fest, dämmert es langsam: Man kann viel essen oder eben nahrhaft. Kein Wunder, wenn wir das Leben zum Kotzen finden. Raus damit. Abnehmen. Entschlacken. Bei der Gehirn- und Seelennahrung sollten wir genauso achtsam sein wie beim Essen. Manchmal sind wir zu schnell mit Begriffen wie Ablenkung oder Zerstreuung. Die Schokolade, die wir als frustrierten Zeitvertreib in uns hineinstopfen, löst sich nicht in Luft auf – warum dann das, was wir in den Kopf oder ins Herz reinzwängen?

Es kommt etwas hinzu – nichts verpassen zu wollen, ist die neue kollektive Sucht des Menschen. Wir leiden am Überangebot von Informationen. Längst können wir nicht mehr zwischen wahr oder fake unterscheiden. Die Zeit haben wir auch nicht. Ein Bruchteil unserer Aufmerksamkeit hat zu reichen, dann klopft schon der nächste Reiz an die Tür. Wobei ich das Wort Aufmerksamkeit übertrieben finde.

Manchmal dürfen wir dankbar sein, wenn uns das Leben vom Gleis schiebt. Überhören wir immer wieder die kleinen Impulse, werden wir eben geschubst. Mag sein, dass wir noch ein wenig zappeln und den Stillstand boykottieren. Aber das kennt das Leben bereits, von Millionen anderen vor uns. Es wartet. Und dann, wenn wir wirklich aufmerksam sind, braucht es nur eine Handvoll Fragen, die uns weiterbringen: Brauche ich das tatsächlich? Tut mir das gut? Hilft oder schadet es? Bin ich noch auf meiner Spur oder wen lebe ich hier? Nichts anders passiert bei einer Diät, die beim Abnehmen unterstützt. Sich darauf einzulassen erfordert Kraft. Kein Wunder, wenn sie auch mal schlechte Laune erzeugt, durch den Zuckerentzug zum Beispiel. Das ist bei einer geistigen Diät nicht anders. Verzichte doch mal sieben Tage am Stück auf negative Gedanken oder auf Zerstreuung. Du wirst merken, dass auch hier die Energie in Richtung Aufmerksamkeit geht. Konzentrieren wir uns auf das, was wir nicht wollen, wächst es in uns. Es ist ein Unterschied, ob wir widerstehen oder etwas lassen. Der Dämon, dem wir widerstehen, bekommt unsere volle Aufmerksamkeit. Das führt zum Krieg mit uns selbst. Doch dem, was wir liegen lassen, entziehen wir die Macht. Und das gelingt am besten, wenn wir den Fokus auf andere Dinge richten – auf die Ergebnisse zum Beispiel. Da hilft es wieder, von der Zukunft aus in die Gegenwart hineinzudenken. Siehe dich jetzt bereits als entspannten, souveränen Menschen.

Innehalten. Runterfahren. In vielen kleinen Schritten die Ernährung aufbauen, die deinem Geist und deiner Seele guttut. Lediglich eine Pause einzulegen, um dann genauso weiterzumachen wie bisher, nützt wenig. Das führt nur zu bereits bekannten Ergebnissen. Welche Denke brauchst du, um deine Vision zu leben?

GEISTIGE SCHONHALTUNG

Wer Schmerzen hat, nimmt gern eine Schonhaltung ein. Das ist verständlich, aber nicht hilfreich. Ein Arm zum Beispiel, der verletzt war, sollte bald wieder bewegt werden. Sonst wird er immer bewegungsunfähiger. Wenn Menschen anfangen, ihre Visionen und Träume zu leben, gibt es ein ähnliches Phänomen. Es bleibt leider nicht aus, dass wir auf dem Weg des Erfolgs auf Neider treffen. Sie ziehen ins Lächerliche, was wir aufbauen, und denunzieren mitunter. Das bereitet Schmerzen, weil wir uns mit unseren Träumen und Ideen geöffnet haben. Menschen, die ihre Vision in die Welt tragen, öffnen sich nicht nur den Lieblingsmenschen, sondern jedem. Das macht verletzlich. Wer dann klar und straight seinen Weg geht und sich vornimmt, sich nicht herunterziehen zu lassen, wird womöglich als egoistisch bezeichnet. Jammerlappen und Energiefresser hindern andere gerne, ihr Ziel zu erreichen. Gelingt ihnen das, rechtfertigen sie damit die eigene Mittelmäßigkeit. Sie lamentieren dann ausgiebig über die Sinnlosigkeit des Erfolgs. Wenn irgendeiner sagt: „Ich kenne da einen, der wollte auch dies und das auf die Beine stellen, aber ist voll auf die Schnauze gefallen", hast du garantiert jemanden vor dir, der nie versuchen wird, Großes im Leben zu erreichen.

Sobald du deine Träume und Visionen angehst, wirst du lernen müssen, Neidern standzuhalten. Schüttle es ab, falls Menschen dich doof finden. Genau das hindert aber manche daran, den Weg des Erfolgs weiterzugehen. Sie ertragen es nicht, wenn man „schlecht" über sie denkt oder sie auslacht. Doch bedenke, sich als vermeintlicher Kritiker aufzuspielen, ist simple. Meckerer brauchen nichts Eigenes leisten, nur die Leistungen anderer schmälern oder in den Dreck ziehen. Hin und wieder stoßen sie ein Lob aus ihrer Posaune, laut genug versteht sich, denn das sichert die Profilierungsbühne. Eines behaupten diese Menschen auf jeden Fall zu wissen: wie man es besser macht.

Ein Mensch, der aus einer Krise heraus für seine Visionen kämpft, ist eine leichte Beute für solche Kritiker. Denn in seiner Situation ist er eh schon angeschlagen und damit beschäftigt, seine Kräfte zu mobilisieren. Diese überflüssigen Angriffe obendrauf werden ihn in die Knie zwingen, wenn er sich nicht dagegen rüstet. Verständlich, dass hier der eine oder andere lieber in die Schonhaltung sackt. Nachvollziehbar, aber nicht zielführend. Wie schon festgestellt, der schmerzende Arm muss bewegt werden. Werde dir darüber bewusst, dass Neider, selbst ernannte Kritiker und Miesmacher Symptome von Erfolg sind, nicht von Misserfolg. Wenn du deine Vision lebst und diese Boten des Triumphs tauchen nicht auf, stimmt etwas nicht. Dann bewegst du dich zu weit unter den vorhandenen Möglichkeiten.

Es verändert rein gar nichts an deinem Leben, wenn dich irgendjemand blöd findet. Wir hatten es schon: Wer Kartoffeln ernten will, sät Kartoffeln. Und, wann taucht der Kartoffelkäfer auf – wenn wir Raps säen oder Sonnenblumen? Was für die Kartoffel der Käfer, ist für den Erfolg der Neider. Also, raus aus der Schonhaltung. Auch, wenn es erst mal ein bisschen schmerzt.

ICH WEISS NICHT, WAS ICH TUN SOLL

In den letzten Kapiteln haben wir uns durch verschiedene Betrachtungen die Möglichkeit eröffnet, einige Stufen der Krise zu meistern. Dennoch fehlt ein wichtiges Element. Ich formuliere es als Frage: „Was tun, wenn wir nicht wissen, was wir tun sollen?" Im Kapitel „Sei dynamisch und konzentriert" schrieb ich: „Bevor jemand in die Handlungsstarre abrutscht, ist es besser, andere um Hilfe zu bitten." Das setzt voraus, sich einzugestehen, mit seinem Latein am Ende zu sein. Klingt jetzt auch nicht gerade wie der Stein der Weisen, oder? Lass es mich erläutern. Menschen sind in der Lage, sich tagelang und wochenlang immer wieder mit einem Problem zu beschäftigen. Nach jeder neuen Runde kommen sie zum Ergebnis, dass es ihnen unmöglich ist, es zu lösen. Die Daueraussage? „Ich weiß nicht, was ich tun soll." Sie verharren im Raum der Hilflosigkeit. Der Schlüssel, der aus diesem Gefängnis herausführt, heißt Loslassen. Man möchte es von außen hineinschreien, wenn man sieht, wie schwer sich die Insassen damit tun. Das sage ich nicht verurteilend. Im Gegenteil, wie oft saß ich selbst in scheinbarem Unvermögen auf der anderen Seite der Tür. Es war der Stolz, der mich hilflos zurückließ. Kopfschüttelnd sah ich im Nachhinein den hohen Leidensdruck auf meiner Schulter, bevor ich eingestand, dass ich es alleine nicht schaffe. Dann öffnete sich die Tür.

Eine andere Methode ist, sich mit scheinbaren Lösungen auseinanderzusetzen. Diese werden immer wieder verworfen und in neuen Variationen durchdacht. Doch letztlich soll dieses Spiel davor bewahren, eine Entscheidung zu treffen. Vor allem, wenn am Ende Konsequenzen wie Verlust, peinliche Zugeständnisse oder ein Berg von Arbeit steht. Aus dem Satz „Ich weiß nicht, was ich tun soll" klingt der Subtext deutlich hervor: „Ich will nicht tun, von dem ich weiß, dass es jetzt dran ist." Erkennst du, in welcher Phase der Krise das passiert? Im Verhandeln. Fällt auf den ersten Blick nicht unbedingt auf, doch sieht man genauer hin, wird es deutlich. Lass diesen Kelch an mir vorüberziehen, wird still gehofft. Man würde alles dafür geben, das Probleme zu lösen, behauptet man. In Wahrheit klammern wir uns an die Hoffnung, dass es einfach aufhört. Schaffen es irdische Kräfte nicht, dann eben himmlische, auch wenn man sonst keinen Vertrag damit hat.

Bevor wir den nächsten Schritt laufen, uns dem Problem zu stellen, sichern wir uns lieber noch einmal ab. Ein neuer Verhandlungsversuch. Der klingt so: „Geht das auch leichter?" Wir wollen nicht, dass es anstrengt oder schmerzt. Ein Alkoholiker wurde mal gefragt, ob er sich überhaupt vorstellen könne, jemals vom Alkohol loszukommen. Seine Antwort: „Wenn ich dabei trinken darf, ja." Beim ersten Hören vermuten wir Trotz und schütteln womöglich verächtlich den Kopf. Doch wie wir alle hin und wieder, braucht er seine Krücke, um zu tun, was jetzt zu tun ist. Unsere Reaktion auf die Frage, ob wir die Krise wirklich bewältigen wollen, könnte zum Beispiel lauten: „Wenn ich dabei meinen Status Quo behalten darf, ja." Oder: „Wenn danach wieder alles so ist wie vorher, ja."

Die innere Überzeugung „Ich weiß nicht, was ich tun soll" erstreckt sich über drei Stufen im Krisenmodell – nicht wahrhaben wollen, Wut und Verhandeln. Die Beiwörter klingen jedes Mal ein wenig anders. Sie verraten, wo wir gerade stehen. Hör mal:

- Oh mein Gott, was soll ich denn jetzt tun? Ich weiß es nicht.

- Verdammt noch mal, ich weiß nicht, was ich tun soll.

- Solange sich die Situation nicht ändert, habe ich keine Ahnung, was ich tun soll.

Verstehst du, worauf ich hinauswill? Wir springen in den einzelnen Phasen hin und her. Das endet erst, wenn im Raum der Hilflosigkeit allmählich durchsickert, was auf dem Spiel steht, wenn wir nicht handeln. Der bis dahin entstandene Leidensdruck ist eine Chance. Er leitet die reinigende Phase des Trauerns und des Loslassens ein. Es sei denn, wir drehen eine weitere Runde, um den Schmerz zu verdrängen. Das kostet Kraft. Diese Energie nutzen wir, um Emotionen zu unterdrücken und eine harte Schale aufrechtzuerhalten. Sie fließt leider nur in eine Richtung. Es kommt nichts zurück, weil wir uns selbst dem heilenden Kreislauf entzogen haben. Es ist wie bei einem Wassertank, der zwar geleert, aber nicht nachgefüllt wird. Das führt uns zum nächsten Gedanken.

SCHÖPFERISCHE ENERGIE IST EIN KREISLAUF

Wir wissen, was mit Menschen passiert, die sich für andere völlig verausgaben. Sie sind irgendwann ausgebrannt. Das Wort ist schon recht treffsicher. In den Leuten brannte mal ein Feuer für etwas. Es loderten Flammen der Begeisterung in ihnen. Doch wird kein Holz nachgelegt, werden sie kleiner und verglühen. Zurück bleibt Asche. Manche Beziehungen erinnern an ein solches Feuer. Aber auch Projekte, die mal mit Leidenschaft ins Leben gerufen wurden.

Schöpferische Energie ist wie Feuer, das lebendig bleibt. Es wärmt und schenkt Licht. Es löst Geborgenheit aus und bietet Schutz. Die Beschenkten halten die Flammen aufrecht. Wann immer du das Gefühl hast, dass die Kraft, die du investierst, in der Einbahnstraße landet, bist du nicht im Flow der schöpferischen Energie. Sie ist das Leben in uns. Ist sie verbraucht, sind wir tot. Ausgebrannt sein ist nur ein paar Stufen davon entfernt. Warum tun wir uns das an – freiwillig? Weil wir denken, das ist aufopfern und das hebt uns in eine Art heiligen Stand.

Lass uns etwas anschauen. Weißt du, was der Unterschied ist zwischen einem Lagerfeuer und einem Waldbrand? Das eine wird im Zaum gehalten, der andere hat sich ausgebreitet. Deine Lebensenergie hat den Sinn, sich auszubreiten. Wird sie ebenso kontrolliert? Das Bild hinkt etwas, das stimmt, weil ein Waldbrand zerstört. Doch tragen wir ein Feuer in uns, das andere ansteckt, begeistert und mitreißt? Oder laufen wir auf Sparflamme? Dann reicht die Kraft nicht, um Krisen zu überwinden oder Visionen entgegenzuschreiten. Einmal mehr sehen wir daran, wie wichtig es ist, vom Ziel her zu denken. Ist es in der Lage, das Feuer zu entfachen? Wenn nicht, überdenke das Ziel, da der Kreislauf sonst nicht in Gang kommt. Hierin liegt das Geheimnis des Visualisierens, das eigentlich gar keins ist. Wir denken und fühlen in die Zukunft hinein – mit unserem Geist – und der physische Körper wird sich in Richtung Ziel begeben, wenn die Motivation stark genug ist. Warst du schon mal zutiefst begeistert oder beseelt von einer Idee und hast sie dir in allen Facetten vorstellen können? Das ist der Beginn des schöpferischen Prozesses. Diesen gilt es lebendig zu halten. Lege immer wieder Holz nach, indem du dich in deine neue Zukunft visualisierst und in der Gegenwart handelst. Sorge dafür, dass der Kreislauf nicht unterbrochen wird. Es sei denn ...

Ein wichtiger Hinweis noch. Der schöpferische Kreislauf ist so etwas wie eine Gesetzmäßigkeit. Sie funktioniert einwandfrei und neutral. Sie unterscheidet nicht zwischen gut und schlecht. Die destruktiven Bilder, die du in deine Zukunft legst, werden sich genauso bewahrheiten. Mal angenommen, du siehst in deiner Vision, dass ein Mensch dich über den Tisch zieht bei einem Geschäft. Die Kraft des Feuers, in dem Fall die verzehrende, wird in dir brennen und dich in Gang bringen. Du reagierst auf deine Vorstellung. Die Begegnung ist vorprogrammiert, weil du dich selbst darauf programmiert hast. Sorge dafür, dass dieser Kreislauf unterbrochen wird.

Merkst du allmählich, wer der Emulgator zwischen deiner Gegenwart und Zukunft ist oder zwischen dem Menschen, der du jetzt noch bist, und dem, der du morgen sein kannst?

Schöpferische Energie ist keine Ressource, die uns unendlich zur Verfügung steht. Sie wird durch Geben und Nehmen oder säen und ernten lebendig gehalten. Bereits ein kleines Dankeschön hält den Kreislauf am Leben und lässt eine nette Geste nicht einfach vor die Wand prallen. Worte der Anerkennung und Wertschätzung ist wie Holz nachlegen.

Empfehlen wir einem Menschen, er solle mit seiner Energie haushalten, ist das mehr als ein nett gemeinter Ratschlag. Du hast das Recht zu prüfen, in wen oder was du deine schöpferische Power investierst. Es gibt Zeiten, da legt man ein wenig mehr oben drauf. Das ist in Ordnung, aber kein Dauerzustand. Deine Kraft und Liebe hat nichts in der Einbahnstraße zu suchen.

KOPF EINSCHALTEN

Ausgebrannte Menschen sind nicht in der Lage, einen klaren Gedanken zu fassen. Eine einzige Gefühlssuppe macht es unmöglich, sich zu sortieren. Ähnlich ergeht es jenen, die manipuliert werden. Sie werden vom Gegenüber so zugemüllt mit Vorwürfen, Unterstellungen und verdrehten Wahrheiten, dass die eigene Wahrnehmung kapituliert. Sie schwimmen - ohne Halt. Genauso fühlt sich Krise an. Was gestern noch half, greift heute nicht mehr. Erfahrungen, Wissen und Können scheinen überflüssig. In dieser Situation hat das Gehirn nichts, an dem es sich festhalten und orientieren kann. Dem Verstand erscheint alles unlogisch. Er durchschaut nicht mehr, was vor sich geht. Die Natur wirft einen Rettungsanker aus – unsere Emotionen. Das Bauchgefühl soll es nun richten. Wenn wir schon den Durchblick verloren haben, versuchen wir wenigstens zu erspüren, was los ist. Vergessen wir nicht, dass unsere ganze Wahrnehmung der Welt auf Emotionen aufbaut. Das gilt auch für all die Gedanken, die wir uns über dieses und jenes gemacht haben. Sie sind abgespeichert und stehen uns als Intuition zur Verfügung. Das Gefühl, auf das wir uns sonst verlassen können, schwimmt aber nicht haltlos umher. Es ist an bestimmte Filter gekoppelt, zum Beispiel an unsere Werte. Wie Wächter beschützen sie die Emotionen. Deshalb lässt uns das Bauchgefühl nicht im Stich. Unter normalen Umständen zumindest. In der Krise hingegen geraten auch die

Werte ins Wanken und mit ihnen alles, was daran gebunden ist. Genau das macht Menschen manipulierbar. Ist der Wächter ausgeschaltet, ist leider die Bahn frei für allerlei Ungutes. Dem Machtmissbrauch steht die Tür offen. Es liegt allerdings auch eine Chance darin, selbst wenn es auf den ersten Blick nicht danach aussieht. Was ist zum Beispiel, wenn dir deine bisherigen Werte in Zukunft im Weg stehen? Dann wird aus Zusammenbruch ein Umbruch. Dafür müssen wir jedoch eine wichtige Voraussetzung schaffen. Denn im Moment stecken wir ja – rein theoretisch – in der Situation, dass wir weder klar denken, noch fühlen können. In dieser Krise sind wir leicht zu beeinflussen und vieles kann uns suggeriert werden.

Nehmen wir für einen Moment an, das Gesetz der Entsprechung stimmt. Es besagt, dass wir mehr von dem bekommen, auf das wir uns konzentrieren. In dieser schwammigen Gefühlssuppe hätte das unschöne Folgen. Das hieße, wir reiten immer tiefer in den Sumpf. Das gilt es zu verhindern. Wie? Kopf einschalten. Das klingt nicht erleuchtend, ich weiß, aber es ist notwendig. Jetzt ist entscheidend, die Situation stoisch anzusehen. Was passiert hier gerade? Dabei ist es enorm wichtig, nicht nach einem Grund zu fragen oder eine Rechtfertigung zu suchen. Nur festzustellen. Das könnte so klingen:

- Ich fühle mich gerade mit meiner beruflichen Situation überfordert.

- Ich werde meinen Vorstellungen von Familien-
leben nicht gerecht.
- Ich fühle mich bedrängt von …
- Ich habe Schulden und weiß nicht, wie ich sie
begleichen soll.
- Ich fühle mich unsicher, weil …
- Es macht mir Angst, dass …

Nur diese Klarheit, zu der man sich manchmal
zwingen muss, hilft. Die Emotionen taumeln haltlos
in uns herum. Dann ist es ein Kraftakt, nüchtern zu
bleiben. Ein „Mich kotzt das ganze Leben an" zieht
nur wieder runter. Was passiert hier gerade wirklich? Genau hinsehen. Dann erst werden wir in der
Lage sein zu erkennen, wo wir selbst handlungsfähig sind oder Hilfe brauchen und an welchen Stellen wir die Situation nicht beeinflussen können.
Sortieren wir unsere Gedanken, hat auch der Bauch
eine Chance, wieder zur Ruhe zu kommen.

KAPITÄN MEINER SEEL'

William Ernest Henley schrieb das viktorianische Gedicht invictus[2] (unbezwungen), das im gleichnamigen Film[3] rezitiert wurde. Der Film erzählt die wahre Geschichte von Nelson Mandela und seinem Kampf gegen die Apartheid, eingebettet in das Sportthema Rugby.

In einer Rückschau erinnert sich Nelson Mandela, gespielt von Morgan Freeman, an die Zeit im Gefängnis. Der Film sagt, dass ihn das Gedicht invictus begleitet hat.

Aus finstrer Nacht, die mich umragt,

durch Dunkelheit mein' Geist ich quäl.

Ich dank, welch Gott es geben mag,

dass unbezwung'n ist meine Seel.

Trotz Pein, die mir das Leben war,

man sah kein Zucken, sah kein Toben.

Des Schicksals Schläg in großer Schar.

Mein Haupt voll Blut, doch stets erhob'n.

---

2   ERSTMALS ERSCHIENEN 1875 IN DEM BUCH „BOOK OF VERSES",
DAMALS NOCH OHNE TITEL.
3   INVICTUS, 2009 VON CLINT EASTWOOD

Jenseits dies Orts voll Zorn und Tränen,
ragt auf der Alp der Schattenwelt.
Stets finden mich der Welt Hyänen.
Die Furcht an meinem Ich zerschellt.

Egal, wie schmal das Tor, wie groß,
wie viel Bestrafung ich auch zähl.
Ich bin der Meister meines Los'.
Ich bin der Käpt'n meiner Seel'.

Quelle: https://de.wikipedia.org/wiki/Invictus_(Gedicht)., 2023

Gibt es eine geistige Instanz über uns – eine, an der wir unser Denken und Handeln ausrichten? In der dritten Zeile heißt es: „... welch Gott es geben mag." Der Betende in diesem Gedicht spricht keine konkrete Gottheit an, wie Jesus, Allah, Buddha, Jehova oder Shiva. Das kann verschiedene Gründe haben. Vielleicht hat er den Glauben an seinen Gott verloren. Oder er war nie gläubig und suchte erst in seiner Gefangenschaft „Hilfe von oben". Es mag auch sein, dass er dem geistigen Gegenüber keinen Namen geben wollte. Denn alles, was wir beschreiben oder benennen, reduzieren wir gleichzeitig. Es wird nur so groß sein wie unsere eigene Vorstellungskraft. Wenden wir uns in der Krise an die höhere Instanz, an die wir glauben, wird diese immer nur so viel bewirken, wie wir es uns vorstellen können. Schürt das nicht ein wenig den Verdacht, dass es unser eigenes geistiges und schöpferisches Potenzial ist, das in unserem Leben wirkt? Die letzten Zeilen verraten es - „ich selbst bin der Meister meines Los' und Käpt'n meiner Seel'". Doch wofür brauchen wir dann ein göttliches Gegenüber? Ich denke, dass sich gerade an dieser Frage die Geister scheiden und Seelen offenbaren. Hier ist der Raum zwischen Himmel und Hölle, der Raum von staunender Höhe und abgründiger Tiefe. Hier verbirgt sich das Paradox von schöpferischer Kraft und schicksalhafter Abhängigkeit. Gedanken, Hoffnungen, Ängste, Visionen, spirituelles Potenzial – all das lebt und stirbt an diesem Ort. Und doch geschieht all das in uns selbst. Ein Gott, der nur außen ist, wird uns weder berühren noch fordern. Auch wenn du deinen Gott Schicksal oder Realität nennst, ist er nur so lebendig wie du selbst.

Reden wir mit unseren Lieblingsmenschen, sprechen wir immer ein Stück mit uns selbst. Interagieren wir mit ihnen, ist es unmöglich, sich zeitgleich auszugrenzen. Wir sehen andere mit den eigenen Augen, auch wenn wir meinen, uns in sie hineinzudenken. Sie lieben uns nur in dem Maße, wie es unserer Vorstellungskraft entspricht. Wir erhalten nur jene Aufmerksamkeit, die wir wahrnehmen. Daher ist es kein Vorwurf, wenn es heißt: Du bekommst das Leben, das mit dir übereinstimmt. Dieser Gedanke ist unfassbar oft verdreht und missbraucht worden. Verständlich, wenn er wütend macht. Gott, wer oder was auch immer das für dich ist, kann nur das, was du ihm zutraust. Alles andere wirst du ausblenden oder boykottieren.

Bist du mit deinem Leben nicht einverstanden oder sitzt in einer Krise, macht es da nicht Sinn, die Vorstellungskraft zu verändern? Denn was bedeutet es, sich an einer höheren Instanz auszurichten? Es meint abgleichen, kalibrieren oder sich auf einen Nenner bringen. Lass mich das bewusst primitiv runterbrechen. Stell dir mal vor, du hast gelernt, dein Gott duldet keine Nutellabrote. Du schreibst auf einen Zettel „Nutellabrot verboten", heftest ihn an Gott und jetzt steht es geschrieben. Immer, wenn du Speisen auf deinem Teller hast, gleichst du es mit diesem Gebot ab. Solange kein Brot mit Schokoaufstrich vor dir liegt, ist die Welt in Ordnung und du im Flow. Wehe, wenn nicht. Panik? Rebellion? Stell dir weiter vor, du hast Bohnen auf deinem Teller. Du denkst dir nichts Böses, aber der Mensch neben dir flippt völlig aus, weil auf seinem Zettel an seinem Gott steht: „Bohnen verboten." Verständlich, dass sich Menschen mit den gleichen Zetteln lieber zusammentun, oder? Und dennoch wirst du deinen Gott nur in Konfrontation mit dir selbst kennenlernen. Ersetze das Wort Gott gerne durch deine Begriffe (Leben, Universum, Spielregeln, Realität, Name einer Gottheit …).

Der Verfasser des Gedichtes invictus litt unter

Knochentuberkulose. Er verlor ein Bein. Das andere wäre auch beinahe amputiert worden. Die Zeilen offenbaren seine Nöte, Ängste und Qualen, aber auch seine trotzige Stirn, die er der Pein bot. Er beschreibt sein Leben wie eine Schattenwelt, in der die Hyänen auf ihn lauern. Dennoch findet er die Kraft, nicht in diesem Zustand zu verharren, sondern seinen Geist zu erheben. Er sieht mehr oder weiter oder höher. Er sucht und erlangt den Dialog in der Metaebene mit dem namenlosen Gott und sich selbst.

Auch wir führen in Krisen innere Dialoge. Dabei kann es vorkommen, dass wir im Problem verharren. Wir sehen und konzentrieren uns nur auf die Schattenwelt. Veränderung und Wachstum findet nicht statt. Das wirkt sich auf unser Leben aus, weil die äußere Welt so bleibt wie die innere. Andere verändern ihre Geschichte. Zuerst in sich selbst. Damit erheben sie sich über das Problem und entwickeln neue Handlungsideen. Wer in der Lage ist, in der Krise die Probleme bereits als gelöst zu sehen, lässt sich auf den Schöpferprozess ein. Dabei ist es wichtig, zwischen Visualisieren und Verleugnen zu unterscheiden. Entgegen jeglicher Realität ist der Geist in der Lage, eine andere Wirklichkeit zu erdenken. Ängste und Emotionen wollen uns im Jetzt festhalten und gefangensetzen. Der Trotz, den wir in den invictus-Zeilen lesen, beschreibt diesen inneren Kampf. Die Furcht wird an meinem Ich zerschellen. An meinem neuen Ich.

TRÖSTENDE MELANCHOLIE

Manchmal tut es gut, in Mitleid zu versinken und sich einer wunderschönen Melancholie hinzugeben. In dem Gefühl von Traurigkeit zu schwimmen, gibt uns eine Ahnung von Liebe, so paradox es klingt. Wir erleben Schmerz, ja. Doch gleichzeitig schreibt unser Geist Geschichten, die sich einzig um uns selbst drehen. Die ganze Welt schenkt uns ihre Aufmerksamkeit. In der Fantasie zumindest. Das Paradies scheint greifbar nahe. Wer mag in diesem Moment schon aufwachen? Wie in jeder Geschichte taucht auch hier der Feind auf und weckt uns mit Wörtern wie zusammenreißen, handeln und weitergehen. Dabei wollen wir uns noch ein wenig schaukeln lassen auf der Welle der Selbstliebe und Selbsthingabe. Wer Kraft hat, steht auf und öffnet sich wieder dem Leben. Wer sie nicht hat, bleibt in seiner Trance und versteckt sich.

Melancholie aktiviert Selbstheilungskräfte, inspiriert und streichelt unsere Seele. Sie ist ein bisschen wie Medizin. Wir erleben uns größer und stärker. Mit Leichtigkeit überwinden wir Hürden. Es grenzt an Zauberei. Wo die Realität den Kopf schüttelt, vermögen Träume fast alles. Melancholie hat Kunst und Poesie hervorgebracht. Sie hat Menschen zusammengeführt und schafft es, dass wir über uns hinauswachsen. Sie erzeugt Sehnsüchte, die uns mit anderen verbinden. Sie ruft und weckt uns und vertreibt aus dem Paradies der Komfortzone. Sie deckt die Lüge der Trägheit auf und hinterlässt immer ein Loch im Herzen, das uns aus der Banalität drängt. Sie hilft, Trauer zu verarbeiten und Abschied zu nehmen. Doch auch hier gilt: Wer eine Überdosis dieser Medizin zu sich nimmt, schadet sich mehr, als zu helfen. So schmal ist der Grat zwischen inspirierender Melancholie und Hingabe in eine Opferhaltung.

TRAUM IST NICHT GLEICH TRAUM

Ein Traum, der sich erfüllt, ist kein Traum mehr. Ein Wunsch, der in Erfüllung gegangen ist, kein Wunsch mehr. Du kennst sicher den Spruch: „Der Weg ist das Ziel." Manche Menschen scheinen das Zitat zu missdeuten. Es macht den Eindruck, träumen und wünschen reicht ihnen und sie wollen ihre Ziele nicht wirklich erreichen. Sie handeln nicht. Dennoch lamentieren sie darüber, warum sie ihre Vorhaben nicht umsetzen. Sie finden eine Menge Gründe: Die Umstände sind schuld, die Zeit sei nicht reif, das Gesetz der Anziehung funktioniere nicht, Gott möge sie nicht, das Leben habe sich gegen sie verschworen, die Arbeitslosigkeit sei zu hoch oder das Geld zu knapp. Es gibt durchaus Hindernisse, deretwegen Menschen Ziele nicht erreichen. Aber nur jene, die loslaufen, stoßen darauf. Warum benutzen die Sitzenbleiber das als Ausrede?

Möglicherweise hältst du das für ein Märchen,

wenn ich dir erzähle, dass ich im Coaching-Vorgespräch Menschen vor mir sitzen hatte, die auf die Frage „Was hast du bis jetzt schon umgesetzt, um deinen Zielen näher zu kommen?" antworten: „Ja, nichts. Das führt doch sowieso zu nichts, egal was man tut." Ich ahne dann leider schon, was diese Menschen von mir erwarten – ich soll ihre Probleme lösen. Genau dafür gibt es Erstgespräche. Ein Hürdenläufer kann nicht über Hürden jammern, wenn er am Start stehen bleibt. Stell dir vor, er würde sagen: „Wie soll ich denn mein Ziel erreichen, bei den ganzen Hürden? Das ist doch sinnlos." Warum nennt er sich Hürdenläufer – weil er davon träumt einer zu sein?

Aber, wie so oft: Was bei anderen auffällt, hat manchmal mit uns selbst zu tun. Jeder von uns hat Träume, die sich erfüllen sollen. Am besten ohne Anstrengung und Schweiß. Wünschen, peng, fertig. Ist auch irgendwie ein Dreiklang. Mich interessieren besonders die Träume, die uns Angst einflößen. Vor vielen Jahren habe ich jemandem mal einen meiner Wunschträume anvertraut. Das war eine Szene wie im Film. Der Gesprächspartner war ein alter Mann. Einer jener Sorte, die nicht viel sabbeln, aber wenn sie was sagen, hängt man ihnen an den Lippen, weil da nur Weisheit rauszukommen scheint. Ich erzählte von meinem Traum und relativierte diesen gleich wieder, indem ich direkt hinterherschob: „Aber das ist 'ne Nummer zu groß für mich." Er fragte: „Weißt du, warum du Angst hast?" Ich erwiderte: „Wahrscheinlich, damit ich auf dem Teppich bleibe und nicht irgendwann auf die Schnauze falle." Er wartete einen Augenblick und antwortete dann:„Nein, du hast Ansgt, weil der Traum einen Preis hat. Dein Traum zeigt dir, wer du hinter deiner Angst sein kannst. Deine Angst zeigt dir, was du dafür zahlen musst." Und dann habe ich die blödeste Frage gestellt, die man in so einer Situation stellen kann: „Aha, und was mache ich jetzt mit der Information?" Gut, ich war jung und musste erst mal verstehen, was hinter dem Gedanken steht. So geduldig, wie er war, gab er mir zur Antwort: „Angst hast du doch sowieso. Entweder wenn du nur daran denkst, den Traum umzusetzen, oder wenn du es tust. Das macht doch gar keinen Unterschied. Also kannst du, während du Angst hast, auch etwas tun. Willst du natürlich lieber gar keine Angst mehr haben, dann lass einfach beides. Träume nicht. Tu nichts."

Wirf mal einen Blick auf deine Träume. Die nächtlichen lassen wir mal außen vor. Es gibt jene, die deine Seele streicheln. Sie trösten und wärmen. Andere erzählen von einem schöneren Leben, das dich erfüllt. Du siehst Visionen und Möglichkeiten. Kennst du auch solche Fantasien, die dir sehnsüchtige Bilder zeigen und sich zeitgleich beängstigend anfühlen? Erzeugt ein Traum berührende Vorstellungen, aber angstmachende Emotionen, folgern wir:„Weil sich das widerspricht, wird es nichts Gutes sein. Abhaken." Kopf und Bauch sind nicht im Einklang. Das finden wir verdächtig. Ist es nicht traurig, wenn wir unseren eigenen Träumen nicht über den Weg trauen? Für einen Moment erhaschen wir einen Blick in eine andere Wirklichkeit, doch Ängste und Zweifel machen einfach alles platt.

Jetzt mal Hand aufs Herz. Sage dir: „Ob ich Angst habe beim Träumen oder beim Umsetzen, ist einerlei – dann kann ich es auch tun." Was macht das mit dir? Das ist doch eine Affirmation, die Sinn ergibt, findest du nicht? Dann schreib sie dir ins Herz.

Wenn es dir schwerfällt, deine Angst zu überwinden, mache dir zwei Dinge bewusst. Erstens, du fängst nicht mit dem Ziel an, sondern mit dem ersten Schritt, und wie klein oder groß dieser ist, entscheidest du. Zweitens, nur während du handelst, wirst du herausfinden, ob es wirklich dein Traum ist. Falls nicht, versackt er sowieso und du wirst ihn loslassen. Wenn doch, wird er mit jedem Schritt stärker und lebendiger und gibt dir immer mehr Kraft.

Ich könnte behaupten, sobald du ins Handeln kommst, wirst du feststellen, dass deine Ängste unbegründet waren. Das sage ich nicht. Weil es so nicht stimmt. Ja, manche Situationen malen wir uns im Kopf schlimmer aus, als sie in der Realität sind. Doch manchmal bist du gefordert, dich zu überwinden und trotz deiner Angst zu handeln.

TRÄUME ALS LÜCKENFÜLLER

„Pass auf, was du dir wünschst, es könnte sich erfüllen." Ist dieser Satz ein Hinweis, ein Rat oder eine Warnung? In jedem Fall regt er zum Nachdenken an. Manchmal erfüllt sich, was wir uns sehnsüchtig erhoffen. Es erzeugt ein kurzes Glücksgefühl, nur um uns erneut mit einer gähnenden Leere zurückzulassen. Ein typisches Strohfeuer. Kraftlos. Die Träume selbst trifft keine Schuld. Menschen mit Zielen wissen, wessen sie bedürfen. Ihre Wünsche sind Teil ihrer Vision. Sie dienen ihrer Realisierung. Es ist, als manifestierten sie die Werkzeuge und Umstände ins Leben, die zur Umsetzung ihres Vorhabens benötigt werden. Schöpferische Kraft.

Menschen, die keine Ziele haben, meinen, dies oder jenes zu brauchen, um ein Loch zu stopfen. Steht ein Wunsch ohne Kontext im luftleeren Raum, ist es eher ein Strohfeuer. Einzig zum Selbstzweck. So, als erbitte jemand Farben und Pinsel, ohne jemals damit zu malen. Ein solches Feuer erwärmt nur kurz. Wenn du meinst, unbedingt etwas zu brauchen, frage dich, ob dieses Bedürfnis eingebunden ist in ein Ziel oder eine Vision.

Die Frage, ob dich etwas deinen Zielen näher bringt oder nicht, kannst du auch auf einen anderen Lebensbereich anwenden. Wenn du einen Wust von Aufgaben zu erledigen hast und nicht weißt, wo du anfangen sollst, frage dich: „Bringt mich die Erledigung dieser Aufgabe meinem Ziel näher?" Falls nicht, rutscht sie in der Prioritätenliste weit nach hinten oder fällt weg. Denn es gibt ein Strohfeuer namens Aktionismus. Das brennt, wenn wir viel getan, aber am Ende des Tages wenig geschafft haben. Es entzündet sich besonders leicht, wenn wir nichts Konkretes im Sinn haben und doch beschäftigt wirken wollen. Warum wir uns selbst belügen, ist man geneigt zu fragen. Ob meine Antwort darauf hilfreich ist, weiß ich nicht, zumindest habe ich eine Vermutung. Es hat mit Schuld zu tun oder sagen wir besser mit einem Schuldgefühl in Verbindung mit Angst. Zum Beispiel der Sorge, überflüssig zu sein. Keinen Sinn im Leben zu haben, erzeugt bei manchen Schuldgefühle. Sie stellen sich und ihre Existenz infrage. Obwohl es hilfreich wäre, sind sie nicht in der Lage, sich Ruhe zu gönnen – sich Raum zur Selbstbetrachtung zu geben – zu schauen, wo die eigene Reise hinführen soll. Diese Pause empfinden sie ausschließlich als Zeit, in der sie nichts leisten. Es baut sich ein Gefühl unverdienter Freizeit auf, das sie nicht ertragen. Statt auf ihr Herz zu hören, stürzen sie sich ins Leben. Es ist so, als würde jemand planlos ein Haus bauen. Grundsätzlich weiß er, dass es Wände, Fenster, Türen und obendrauf ein Dach hat. Er beginnt, Dachziegel auf die leere Baufläche anzuschleppen. Denn am Ende des Tages will er zeigen: Ich habe heute etwas geschafft. Die Dachbedeckung bereitzustellen, war nicht falsch, nur der Zeitpunkt stimmte nicht.

Was der Bauplan für das Haus, ist der Traum für

dein Ziel. Die grobe Skizze wird nicht ausreichen, ein Gebäude zu errichten. Die vage Träumerei über ein besseres Leben ist da nicht anders.

GEDANKEN, WORTE, WERKE

Die Elemente dieses Dreiklangs sind mächtig. Es fehlt ihnen aber etwas. Wir haben festgestellt, dass Gedanken – dazu gehören auch Träume – wirkungsvoll sind oder verpuffen. Worte sind kraftvoll oder dahergelabert. Sie erschaffen Ergebnisse oder Luftschlösser. Das, was diesem Dreiklang jedoch erst Leben und Kraft einhaucht, bist du. Gedanken, Worte und Werke sind wie Scheinwerfer. Sie brauchen eine Energiequelle. Stell dir ein Fußballstadion mit den größten Flutlichtern vor. Was passiert, wenn sie an keinem Stromnetz angeschlossen sind? Eben so verstehe ich, was wir Seele nennen oder Geist. Fragen wir, was uns antreibt, suchen wir nach dieser Quelle. Sie komprimiert und zeigt sich im DU. Nicht die Steckdose ist der Strom, sie gibt uns den Zugang dazu. Nicht deine Persönlichkeit ist die Seele, aber sie offenbart sie. Steht die Persönlichkeit, die du in dir erschaffen hast, deiner Seele und ihrem Lebenssinn im Weg, wirst du es merken. Dieser vorbeihuschende Gedanke „Eigentlich bin ich das nicht" verrät es. Einklang ist, wenn Strom, Steckdose und Verbraucher zusammenpassen. Denkst du, dass es mit der Seele, Persönlichkeit und dem Leben anders ist?

Manchmal, wenn man Wohnungen renoviert, entdeckt man hinter der abgerissenen Tapete eine Steckdose. Sie wurde nie genutzt. Die ganze Zeit war der Zugang zur Stromquelle vorhanden. Die Tapete hat die Sicht versperrt und die Nutzung der Quelle verhindert. Wenn du deine Persönlichkeit versteckst, wirst du ebenfalls nicht erkannt. Die Mitmenschen sehen jemanden, aber erkennen dich nicht. Solange du in Träumereien und Gedankenspielen versinkst oder in Aktionismus verharrst, entdeckst du dich nicht einmal selbst. Kennst du das Gefühl, getrennt von dir zu sein? Die Frage, wer du bist, bohrt sich immer tiefer in dein Herz. Sie offenbart, dass dir der Zugang zur Quelle fehlt, zur Seele. Das hat Auswirkungen auf dein Naturell und auf das, was du denkst, redest und tust.

Eine Persönlichkeit, die Dinge tut und redet, die ihr nicht entsprechen, lebt nicht in Harmonie. Die Energie, mit der wir etwas tun, spricht für oder gegen uns. Oder wes Geistes Kind wir sind. Aufgesetzte Persönlichkeiten handeln eher wie dressiert und wirken unfrei. Von solchen Leuten geht wenig bis keine Ausstrahlung aus. Hast du es schon einmal erlebt, wenn sich ein Mensch um einhundertachtzig Grad dreht, um ganz sich selbst zu leben? Was für eine Power! Das ist wirklich wie neu an den Strom angehängt.

In Krisenzeiten sind wir abgetrennt von der Quelle. Oder es wird uns bewusst, dass wir schon lange vor der Krise nicht mehr an ihr angeschlossen waren. Womöglich ist das sogar der Grund für die Misere. Es bringt nichts, die Scheinwerfer zu polieren oder die Schrauben fester zu drehen. Das wäre Symptombehandlung.

Ich bin überzeugt, viele Menschen denken sich kleiner, als sie sind (Gedanken). Sie zerreden (Worte), was sie können und tun (Werke). Sie handeln weit unter ihren Möglichkeiten. Jene, die noch nicht ihr Potenzial leben, spornen mich an. Meine Energiequelle ist wach, wenn ich anderen zu ihrer Größe verhelfe. So, wie ein Gärtner ein Stück Land anschaut und im Dickicht Bäume, Blumen und Sträucher sieht, entdecke ich schöpferische und kreative Wesen. Dir wird es mit deinem Thema sicher ähnlich ergehen. Kunstwerke offenbaren sich dir, wo andere fragend vor einer leeren Leinwand stehen. Das Auto schraubst du im Schlaf zusammen, während andere rätseln, wo die eigenartigen Bauteile hinkommen. Wo Menschen Holzbretter sehen, siehst du Möbel oder ein Instrument. Das sind Momente, in denen du Zugang zur Quelle hast. Das Momentum. Die plötzlich auftauchende Energie, die in die gähnende Leere fällt, wenn sie nicht genutzt wird. Der Strom für deine Gedanken, Worte und Werke.

In Krisenzeiten ist es wichtig, sich an Orte zu begeben, in denen das Momentum wieder entzündet wird. Es ist ein Leuchtfeuer, kein Strohfeuer. Suche und nutze es.

DURCHGEBRANNT

Ja, es gibt auch die Kehrseite. Wenn Zeit, Kraft und Arbeit, die du investiertest hast, nicht das Ergebnis bringen, das du erhofft hast. Ob wir uns Menschen oder Projekten hingegeben haben, die Enttäuschung ist groß. Zweifel kommen auf, vor allem an sich selbst. Ich kenne das. Bei meinen ersten Gehversuchen durch Coaching zu unterstützen, war ich voller Elan und Idealismus. Allerdings habe ich die Variable „Mensch" nicht einkalkuliert, um das mal nüchtern zu formulieren. Die verhalten sich leider nicht immer, wie man es plant oder erhofft. Müssen sie auch nicht. In meiner systemischen Ausbildung definierten wir die Begriffe Coaching, Beratung, begleiten, animieren usw. Klar, Ziel war es, unsere Arbeit präzise zu formulieren und abzugrenzen. Eine Teilnehmerin warf in dem Gespräch ein: „Das Wort Ratschlag besteht ja auch aus zwei Worten." Wie wahr. Es wirft ein Licht auf unsere Erwartungshaltung dem anderen gegenüber. Erwarte ich, dass er oder sie umsetzt, was ich sage? Fordere ich Dankbarkeit? Steht es mir zu, irgendetwas zu erwarten? Blättern wir dieses Wort weiter auf, ergeben sich neue Fragen und Gedanken. Ich nenne mal Stichworte: altruistisch, tolerant, manipulativ, ungefragt einmischen.

Zurück zur Metaebene. Versiegt die Energie in uns, falls unsere Arbeit keine Früchte trägt? Kommt drauf an. Zunächst eine Gegenfrage: Wird Strom schwächer, wenn das angeschlossene Gerät durchbrennt und kaputtgeht? Nein, die Sicherung fliegt raus – im besten Fall – und sorgt für eine Stromunterbrechung. Die Energiequelle steht nach wie vor zur Verfügung, nur wird das defekte Gerät nicht weiter versorgt. Es ist schon ein passendes Bild, wenn wir krank, entkräftet und ausgebrannt sind oder uns mal eine Sicherung durchbrennt, weil wir nicht mehr können. Vielleicht ist es schlicht nicht möglich, sich in einem solchen Moment an seine Quelle anzuschließen. Zuvor muss repariert und korrigiert werden – die Gedanken und Emotionen zum Beispiel. Oder der innere Druck, die Erwartungshaltung, das Aufbürden zu vieler Lasten, die Opferhaltung, sich ausnutzen zu lassen, immer funktionieren zu wollen.

Trägt unsere Arbeit keine Früchte, versiegt nicht die Energie. Wir scheinen nur nicht mehr an ihr angeschlossen zu sein. Ein anderer Grund mag sein, dass wir die Kräfte falsch nutzen oder dosieren. Wer seinen Backofen auf fünfzig Grad stellt, wartet halt länger, bis die Pizza fertig wird. Manchem wird diese Wartezeit zur ungerechten Quälerei und er beginnt, die Schuld beim Ofen, der Pizza oder der Lampe im Herd zu suchen. Manchmal hat es auch den Eindruck, wir schließen einen Mixer an Starkstrom an und sind verwundert, dass uns alles um die Ohren fliegt. Wir verschwenden Energie, sobald wir im Hochsommer die Heizung einschalten, aber eine Klimaanlage laufen lassen, weil es zu heiß ist.

Übertrage mal diese Gedanken auf dein Leben. Wir tun zu viel, zu wenig, gar nichts, am falschen Ort, zur falschen Zeit oder schlicht die falschen Dinge. Manchmal stecken wir eine Banane ins Zündschloss und heulen rum, weil das Auto nicht anspringt. Statt etwas anderes, Zielführendes zu versuchen, steigern wir uns in die Wut hinein, bis es kocht und wir durchbrennen. „Alles Kacke", rufen wir dann. Kommt obendrein jemand daher mit dem weisen Rat, uns nicht aufzuregen und erst einmal durchzuatmen, überlegen wir, ob unser Gegenüber langsam oder qualvoll zu sterben verdient hat. Und warum? Weil er auch noch recht hat.

Mit oder in diesem inneren Chaos haben wir keine Chance, uns an die Quelle anzuschließen. Denn sie ist nicht wie ein Vulkan, sondern eher eine sanftmütige Kraft. Irgendwann kehrt Ruhe ein. Es fällt uns wieder leichter, klare Gedanken zu fassen. Doch wie heben wir die Trennung zur Energie auf? Mit einem Emulgator oder besser in diesem Fall einem Adapter. Um uns in Resonanz zu bringen mit der Quelle und uns auf sie zuzubewegen, hilft es zum Beispiel zu meditieren. Die Stoiker haben einen wunderbaren Vers. Über diesen wollen sie nicht nur nachsinnen, sondern ihn zur Lebenseinstellung umwandeln. Wer sich darauf einlässt, wird Ruhe und Brausen der Gemüter an sich selbst erfahren. Es ist wie Himmel und Hölle in einer Person. Lies den Vers, wenn du entspannt bist, und dann auch mal, wenn du gerade auf einhundertachtzig bist. Du wirst verstehen, was ich meine.

Gib mir die Gelassenheit, Dinge hinzunehmen, die ich nicht ändern kann.

Gib mir den Mut, Dinge zu ändern, die ich ändern kann.

Und gib mir die Weisheit, das eine vom anderen zu unterscheiden.

Verinnerlichst du diese Worte und wachsen sie in dir, haben sie die Macht, deine Sicherung zu werden, bevor du das nächste Mal durchbrennst. Ich für meinen Teil übe immer noch.

TOO MUCH

Lass uns die Energie aus einer weiteren Perspektive betrachten. Mal angenommen, wir sind an unserer Quelle angeschlossen. Der Strom fließt. Und jetzt? Eintausend Volt, aber keine Lampe, die brennt. Kennst du das? Voller Tatendrang zu sein, ohne zu wissen, wohin damit, wird auf Dauer anstrengend. Aus Eifer wird Übereifer. Wer kein Ventil für seine Energie hat, wirkt am Ende sogar eher aggressiv als schwungvoll. Das ist ähnlich wie bei einem Staudamm. Irgendwann ist der Druck so groß, dass die

Naturgewalt hervorbricht. Schaut euch unsere Kinder an, deren Lebendigkeit täglich in Zwangsjacken aus Regeln und Stillsitzen eingesperrt wird. Es ist eine Frage der Zeit, wann der Staudamm bricht. Lass uns bitte mal einem Gedanken nachgehen. Was ist schöpferische Energie? Sie will erschaffen, sich ausdrücken. Womöglich passt das Wort manifestieren hier besser. Diese Kräfte verschwinden nicht einfach. Wie die Wasserkraft wird sie genutzt oder sie bricht irgendwann durch und hinterlässt Zerstörung. Beides ist Manifestation. Aus diesem Bild heraus gedacht, habe ich eine Frage: „Ist ein Kind, das etwas kaputt macht, aggressiv oder hat es einen schlechten Charakter?" Ich diskutiere hier keine grundsätzliche Psychologie. Vielmehr möchte ich, dass wir ein Auge auf die Kehrseite von Energie werfen. Schöpferische Kraft baut nicht nur Statuen oder bringt Kunstwerke hervor. Sie manifestiert sich, früher oder später. Falls später, ist es eben so, dass wir unseren Toaster an Starkstrom anschließen. Too much.

Schielen wir noch mal auf die Funktionsweise eines Stromkreises. Da fällt häufig der Begriff Widerstand. Dieser Widerstand ist wie eine Bremse, der dafür sorgt, dass der Fluss des Stromes eingeschränkt wird. Ist er nicht vorhanden, bricht die Energie auf einmal hervor. Wahllos. Manchmal bietet uns das Leben selbst solche Widerstände, indem es ein paar Hürden vor Erreichung eines Zieles setzt. Die Kraft wird nach und nach gedrosselt und gelenkt. Mir hilft dabei wieder die Metapher des Bildhauers. Stell dir vor, mit einem Überschuss an Energie soll er mit Hammer und Meißel die Nase modellieren. Das würde dann so aussehen wie bei der Sphinx. Doch die Anfangspower ist dafür gedacht, alles Grobe aus dem Stein zu hauen. Da darf geklotzt werden. Durch diesen Widerstand werden die Kräfte reduziert und sind jetzt genau richtig, um sich an die Feinheiten zu wagen. Und eben dieser Widerstand fehlt uns manchmal. Selbst in Krisen. Denn Wut, Angst und Trauer sind ebenfalls Energien, die sich manifestieren wollen. Und werden. Finden sie keinen Weg nach draußen, dann eben nach innen. In Angststörungen oder organische Krankheiten. Womöglich liege ich mit meiner Vermutung daneben, aber ich glaube, dass Trauer zum Beispiel nicht der Widerstand im Leben ist. Sondern nur eine Form von Energie. Das, was wir betrauern, ist der Widerstand. Unterdrückte Trauer wird den inneren Staudamm genauso zerstören wie ungenutztes Wasser.

Wir leben in einer Welt des Widerspruchs. Immer mehr liest und hört man von aufgewachten und spirituellen Menschen. Die schöpferische Energie wird in den Himmel gehoben. Gleichzeitig zelebrieren wir eine Kultur der unterdrückten Emotionen. Wir haben den Drang uns, das Leben und andere zu bewerten. Damit konstruieren wir eine Matrix. Darin steht, was erlaubt und verboten ist, was gewünscht und verachtet wird. Wut, Trauer, Angst, Krankheit und Tod stehen auf der negativen, nicht gewollten Seite. Wie schaffen wir es trotzdem, nach außen so zu tun, als strebten wir nach Harmonie, Einheit oder Yin und Yang? In Wahrheit beschneiden wir uns. Den Menschen, bei denen das Leben nicht so rund läuft, wird suggeriert, sie hätten zu viele negative Energien. Das ist genauso ein Schwachsinn, wie wenn über Kinder gesagt wird, sie seien von Natur aus aggressiv, sie tragen das in sich.

Solange wir leben, sind wir voller Energie. Sonst fielen wir tot um. Wer jedoch keine Lampe hat, die brennt, oder keine Widerstände, erlebt diese Kraft gegen sich selbst oder andere gerichtet. Deshalb sind wir manchmal krank oder erschöpft, obwohl wir es nicht sein müssten. Eine Staudammmauer, die dem Druck nicht mehr standhält, fühlt sich sicher schwach. Aber sie bricht doch nicht wegen fehlender Energie. Das Wasser war schlicht too much für die Kraft der Steine. Der Unterschied zu diesen Bildern ist, dass wir Wasser und Steine gleichzeitig sind.

Es gab eine Zeit in meinem Leben, da litt ich unter heftigsten Panikattacken. Wer das nicht kennt, glaube mir, das willst du nicht haben. Du schleppst deine eigene Hölle mit dir herum, egal wo du hingehst. Unruhe als Dauerzustand. Und das ist nur eine sehr schmeichelnde Formulierung. Ich habe das Internet rauf- und runtergelesen, habe Sport gemacht und meditiert. Immer wieder war ich beim Arzt, weil ich dachte, mein Herz gibt auf. Das Leben passierte nur noch im Kopf. Geballte Energie, die sich nach innen richtete. Irgendwann war ich es leid, die klugen Ratschläge, die man so zugeschoben bekommt, anzuhören. Ich habe begriffen, ich muss dosieren. Das, was ich mir zumute, zu geben bereit bin, an Erwartungen erfülle oder selbst erwarte. Unverarbeiteter Wut und Trauer aus Abschnitten meines Lebens sah ich in die Augen, ohne mich erneut darin zu verlieren. Am wichtigsten jedoch war, dass ich meiner Energie erlaubte zu fließen. Wenn dir bewusst wird, dass jeder von uns dieses Kind ist, dem man in der Schule die Zwangsjacke von Stillsitzen und Regeln überstreift, weißt du, was ich meine. Schmeiß sie weg.

Die Psychologen mögen die Augen verdrehen, bei dem, was ich jetzt sage. Das ist mir egal, denn ich spreche aus eigenen Erfahrungen. Ich glaube, viele Panikattacken entstehen, weil wir in einer Welt leben, in der dem Wasser verboten wird, Wasser zu sein. Ein doppeltes too much. Denk mal drüber nach.

WIR SIND STANDARDISIERT

Lass uns Träume und Ziele einmal aus einem anderen Blickwinkel betrachten. Wir leben in einer Zeit und Welt, in der fast alles auf Sicherheit getrimmt ist – im Sinne von „was funktioniert, wird nicht verändert". Es gibt nichts, das es nicht schon in einer Version gab. Die Musikindustrie führt es vor – von alten Songs entsteht eine Kopie, die wiederum kopiert wird. Rebellion gibt es oft, Revolution weniger. Lieber treten wir in Fußstapfen, statt neue Wege zu probieren. Selbst wenn wir etwas lernen, geschieht dies durch Nachahmung. Oft ausschließlich. Wir gucken zu, kupfern ab und übernehmen. Für alles gibt es Blaupausen, die nur zu integrieren sind. Mutig, wer wenigstens variiert. Noch mutiger, wer weiterentwickelt. Todesmutig gar, wer verwirft und wirklich Neues hervorbringt. Die Mehrheit aber klingt so: Das geht so! Das macht man so! Prima, ich äffe es dir nach und bin so wie du und wie der, von dem du es abgeschaut hast. Das fühlt sich sicherer an, als durch Eigenwillen aufzufallen. Wir bauen um uns herum einen Kokon. Und in eben diesem liegen deine Träume und Ziele. Wenn der Verdacht in dir aufsteigt, dass es sich nicht wirklich um deine Träume und Ziele handelt, könnte das ein Grund dafür sein.

Es ist ein Unterschied, ob ein Pionier in einer Wüste eine Stadt sieht oder ein Stadtmensch ein weiteres, kopiertes Haus in einer Siedlung. Wer ist hier Visionär und in der Lage zu visualisieren? Es ist nicht verwerflich, einen ähnlichen Traum zu verfolgen wie andere. Doch der innere Geist, der Antreiber verrät einiges. Ist es ein Nachmachen, weil man keine eigenen Ideen hat, könnte es zeigen, dass der Zugang zu sich selbst fehlt. Motiviert uns die Inspiration oder der Neid? Wollen wir schlicht angepasst sein? Interessant ist doch, dass es offenbar Marker gibt, an denen zu erkennen ist, wie ein erfolgreiches Leben funktioniert. Irgendwer hat diese Marker festgelegt. Womöglich hatten sie sogar mal einen Sinn, bevor sie ungefragt übernommen wurden. Das erinnert mich an die Geschichte mit dem Braten. Ein Ehemann hat mehrfach beobachtet, dass seine Frau immer ein Stück vom Fleisch abschnitt, bevor sie ihn in den Bräter legte. Irgendwann fragte er sie nach dem Warum. Seine Frau antwortete: „Eigentlich weiß ich das gar nicht. Das habe ich von meiner Mutter abgeschaut und die konnte richtig gut kochen. Deshalb. Ich werde sie mal fragen." Sie rief ihre Mutter an und fragte: „Sag mal, wieso hast du eigentlich immer ein Stück vom Fleisch abgeschnitten, bevor du daraus einen leckeren Braten gemacht hast?" Die Mutter erwiderte: „Das habe ich bei deiner Oma so abgeschaut – du weißt ja, wie toll sie kochen kann. Wir fragen sie einfach mal." Bei nächster Gelegenheit fragten sie die Oma: „Was wir nie gefragt haben, uns aber brennend interessiert: Warum hast du immer ein Stück vom Fleisch abgeschnitten, bevor du ihn in den Bräter gelegt hast?" Die Oma schaute etwas verdutzt und antwortete: „Weil mein Topf zu klein war." Da möchte man doch zu gerne wissen, was sich in den Köpfen der beiden abgespielt hat, oder?

Wenn jemand sagt: „Für mich bedeutet Erfolg dieses und jenes", machen Menschen daraus: „Erfolg heißt. Punkt." Es wird zum Standard erhoben.

Es muss bewertbar, wiederholbar und messbar sein. Das eigene Empfinden reicht nicht mehr. Wer nicht in der Lage ist, sich einen Parkplatz zu wünschen, macht es eben nicht richtig – und vor allem, gehört nicht dazu. Es interessiert niemanden, ob du zu Fuß oder mit dem Fahrrad unterwegs bist, visualisiere gefälligst einen Parkplatz. Das macht jeder so. Es ist für uns nicht einmal ein Widerspruch, uns eine einsame Insel zu wünschen, auf der alle sehen, wie gut es uns geht.

Wenn du diesen standardisierten Kokon verlässt, wovon träumst du dann?

AUF'N PUNKT

Wir haben bis hierher einiges überlegt und beobachtet. Vieles wurde gedacht, gefühlt und innerlich bewegt. Vielleicht hast du manchmal zustimmend genickt oder vehement mit dem Kopf geschüttelt. Das ist alles okay. Es ist leicht, aus dem warmen Wohnzimmer heraus zu philosophieren oder quälend im Raum der Krise Gedanken zu wälzen. In beiden Fällen sind wir gefordert. Denn Veränderung erreicht nur, wer handelt. Bei allen Betrachtungen, Ansichten und Fragen brauchen wir ein Ergebnis - ein Handlungskonzept, das jeder für sich deuten und in sein Leben integrieren kann. Das gilt es aus den Gedanken abzuleiten. Ich fasse für dich noch mal fünfzehn wichtige Punkte zusammen:

1. Die Krise ist ein Zustand, in dem wir mit unseren bisherigen Strategien nicht weiterkommen.

2. Jeder hat ein anderes Empfinden, wann er eine Situation als Krise wahrnimmt.

3. Manchmal bleiben wir in den einzelnen Phasen stecken und schaffen den Sprung nicht in die nächste. Entweder fehlt etwas oder ist zu viel.

4. Unser Weltbild unterstützt den eigenen Weg oder versperrt ihn.

5. Das Gesetz der Anziehung offenbart, worauf wir uns konzentrieren.

6. Das Gesetz der Entsprechung sorgt dafür, dass wir suchen, was dem eigenen Weltbild entspricht, und ausblenden, was nicht dazu passt. Dies geschieht wertneutral, auch wenn die Ergebnisse es nicht sind.

7. Die Energie folgt der Aufmerksamkeit. Sie erschafft etwas, zerstört oder verpufft wieder.

8. Die Energie wirkt sich auf unsere Ausstrahlung und Handlungen aus. Das wiederum beeinflusst andere Menschen und deren Verhalten.

9. Positive Affirmationen machen nur Sinn, wenn sie zum verinnerlichten Weltbild passen. Dazu werden sie durch unsere Filter gescheucht.

10. Affirmationen, die nicht über den Verstand, sondern die Emotionen in uns gelangen, werden

zumindest als wahr in Betracht gezogen. Das kann eine Chance sein oder eine Gefahr – besonders in Krisen.

11. Die schöpferische Kraft erschafft aus der inneren Energie und dem Fokus. Das ist wertneutral, weil wir uns eine „gute" oder eine „schlechte" Welt erschaffen können.

12. Wir verteidigen unser inneres Weltbild vehement, selbst wenn es uns schadet. Die Waffen, die wir benutzen, heißen Erfolgsangst und Erfolgswut.

13. Wir werden kein anderer Mensch sein oder ein anderes Leben erfahren, wenn es in uns nicht eine Entsprechung dazu gibt, auf die diese Transformation aufbauen kann.

14. Beabsichtigst du, Kartoffeln zu ernten, säe Kartoffeln.

15. Deine innere Kraft ist eine Größe, die sich manifestieren wird – für dich oder gegen dich.

Schließen wir den Kreis mit der Frage vom Anfang des Buches: Was hindert den armen Menschen daran, reich zu werden und in einer Villa zu wohnen? Genauso gut können wir fragen, was uns aufhält, die Krise zu verlassen. Es sind wir selbst. Es hängt mit unserer Vorstellungskraft zusammen. Die Gedanken sind an das gebunden, was wir Realität und Wahrheit nennen. Andere Möglichkeiten scheinen uns irreal. Aber echte Veränderung braucht neue

Gedanken. Vielleicht ist es mir mit diesem Buch gelungen, dich zumindest zu inspirieren.

Bedenke: Das Leben, an das du dich gewöhnt hast, muss deshalb nicht richtig für dich sein. Wir scheitern oft, weil sich das Neue komisch anfühlt und den Gewohnheiten widerspricht. Und es ist eben das Ungewohnte, das wir unrealistisch nennen und als Hirngespinst bezeichnen. Ausgerechnet das, was unserem Naturell am meisten entsprechen würde, ist das, was wir oft als unnatürlich empfinden. Habe das im Hinterkopf, wenn du über die fünfzehn Punkte nachdenkst.

Ich wünsche dir, liebe Leserin, lieber Leser, dass das, was du ersehnst, dir guttut und dich glücklich macht.

Dirk T. van Dinter

Auch von Dirk T. van Dinter:

ENTDECKE. DEINE. INNERE. KRAFT.
Der Tag, an dem Sisyphos den Stein losließ

Paperback, 158 Seiten

Verlag: Books on Demand
Erscheinungsdatum: 26.11.2021

ISBN: 9-783755-715429

„Unsere größte Angst ist nicht, unzulänglich zu sein. Unsere größte Angst besteht darin, unermesslich mächtig zu sein. Unser Licht, nicht unsere Dunkelhiet, ängstigt uns am meisten." Marianne Williamson

Was ist das für eine Kraft, die in jedem von uns wohnt und die uns hilft, Krisen und Stürme zu überstehen? Bist du ihr schon einmal begegnet? Bist du DIR schon begegnet, in deiner wahren Kraft? Dieses Buch lädt dich ein zu hinterfragen, zu suchen, abzuschütteln. All das loszulassen, was dir nicht mehr dient und was dich davon abhält, der zu sein, der du wirklich bist. Die Entdeckung dessen, was dich wirklich ausmacht, ist das größte Geschenk, das du dir und der Welt machen kannst.